U0587211

马云
我能说服任何人

王鹏◎著

民主与建设出版社

·北京·

© 民主与建设出版社，2018

图书在版编目（CIP）数据

马云：我能说服任何人 / 王鹏著. -- 北京：民主
与建设出版社, 2018.4

ISBN 978-7-5139-2115-2

Ⅰ.①马… Ⅱ.①王… Ⅲ.①口才学 Ⅳ.①H019

中国版本图书馆CIP数据核字(2018)第074481号

马云：我能说服任何人
MAYUN WONENGSHUOFURENHEREN

出 版 人	李声笑
著　　者	王　鹏
责任编辑	刘树民
封面设计	仙境书品
出版发行	民主与建设出版社有限责任公司
电　　话	（010）59417747 59419778
社　　址	北京市海淀区西三环中路 10 号望海楼 E 座 7 层
邮　　编	100142
印　　刷	三河市金元印装有限公司
版　　次	2018 年 6 月第 1 版
印　　次	2018 年 11 月第 2 次印刷
开　　本	787 mm × 1092 mm　1/16
印　　张	17
字　　数	250 千字
书　　号	ISBN 978-7-5139-2115-2
定　　价	45.00元

注：如有印、装质量问题，请与出版社联系。

前　言

　　这是一个越来越重视"说"的年代，无论是竞争职位，还是销售产品；无论是教书育人，还是进行辩论，都需要运用口才的力量。从某个方面来说，社交的成功就是口才的产物，说话的水平和能力成为个人整体素质中不可或缺的一个部分。正如但丁所说："语言作为工具，对于我们之重要，正如骏马对于骑士的重要，最好的骏马适合于最好的骑士，最好的语言适合于最好的思想。"

　　有人曾经这样说过，一个公司能走多远，需要两个关键因素：一是创始人的口才或思想的鼓动性，简单来说，就是所谓的嘴巴功夫；二是职业经理层的PPT是否足够漂亮。越来越多的人将能说会道当成一种社会化营销的方法和优势，而企业家在这个层面发挥的效应往往更大。当然，简单地将能说会道当作互联网群体的一个特征并不合理，只不过是那些率先掌握互联网工具、拥有平台技能的人更容易在互联网平台上获得自由表达空间，而且他们的话语体系、言论风格，代表着一个社会发展的方向，而这就是他们能够产生影响力的一个重要原因。

　　仅仅在商业领域，"能说会道"似乎已经成为商业人士的一个重要标签。中国的"商业教父"柳传志很能说，小米手机创始人雷军很会说，360的掌门人周鸿祎很能说，做锤子手机的罗永浩也很厉害，就连联想的现任总裁杨元庆也不断改变自己一贯的严谨和少说话的风格。这一大批出色的商业演说家表现出了前所未有的商业自信，在这些能说会道的企业家当中，马云是一个另类，他很能说，而且常常说得天马行空。

在阿里巴巴还没成立之前，马云就经常被人当成骗子，但多年来他却汇聚了一大帮的人才为自己工作，和自己一同创业。不过单纯地认为马云的成功建立在能说会道的基础上，这显然不是一个严谨的说法，但是凭借着强大的语言能力，他往往可以自由操纵全场，可以引起他人的兴趣和乐趣，也会给演说者本人带来一种强大的力量感。能说会道的确为他的事业发展带来了很大的帮助，他具备那种吸引人、改变人的魅力和能量，好口才让他在商业运作中更加游刃有余。

关于马云的口才有许许多多的故事，比如马云仅仅花了6分钟就从孙正义那儿拿到了2000万美元的投资，马云与王健林、刘强东等商界大佬的"华山论剑"；还有马云在各大演讲以及节目中口若悬河的惊人表演。此外，有一些则是来自坊间的传言，比如有个职员曾经收到腾讯公司发来的offer，对方为他提供了一份非常好的工作，而且待遇也很高，面对这份很有诱惑力的工作，这个职员在向马云提出辞职的时候，却因为马云的三言两语而改变了初衷，最后坚持留在阿里巴巴。无论哪一种，都显示出了马云深厚的语言功底。作为一个商界奇才，马云的出色口才的确为他加分不少。马云的表达不仅逻辑清晰，而且富有很强的感染力，如果没有非常缜密的逻辑思维，没有强大的心理素质，没有丰富的人生阅历以及超乎寻常的自信，根本无法对他人产生强大的影响力。

"听说过捕龙虾富的，没听说过捕鲸富的。"

"互联网就像一杯啤酒，有沫的时候最好喝。"

"把你的太太当作合作伙伴，不要把她当太太看。"

"如果早起的那只鸟没有吃到虫子，那就会被别的鸟吃掉。"

"要像治理酒驾一样治理假货。"

"我们花了两年时间打地基，我们要盖什么样的楼房，图纸没有公布过，有人已经评论我们的房子怎么不好。很多公司房子很好看，但地基不行，一阵大风过，它们就倒了。"

"我既要扔鞭炮，又要扔炸弹。扔鞭炮是为了吸引别人的注意，迷惑敌人；扔炸弹才是我真正的目的。不过，我可不会告诉你我什么时候扔鞭炮，什么时候扔炸弹。游戏就是要虚虚实实，这样才开心。如果你在游戏中感到很痛苦，那说明你的玩法选错了。"

以上这些话都是马云说的，而通过这些简单的话，就可以看出马云出色的表达能力。正因为如此，所以很多人都认为，即便仅仅从语言表达这一方面来看，马云也堪称整个中国最具魅力与个性的企业家之一。

一般来说，在评价某一个人时，主要从四个方面进行评估：他是做什么的，他看起来像什么，他说些什么，他是怎么去说的。其中"怎么去说"就是一个重要的组成部分，这也是本书的一个主要内容，本书讲述的就是沟通与说服力，通过对马云说话方式的分析和学习，找到那些出色的表达技巧，找到那些更为合理的表达方式。

书中通过鲜明的观点、充分的事实论证以及大量合理的论据来阐述沟通的技巧。本书的语言风格偏于平实，通俗易懂，所描述的案例、论点、论据之间有着非常紧密的衔接，而且彼此之间的逻辑性很强，这种联系与衔接完美地阐释了沟通的技巧。本书虽然讲述了马云的说话之道，却以马云的口才为切入点，深入分析了好口才的作用，如何提升个人沟通能力以及技巧的方法。这些方法不仅仅是马云的技巧，它们对于普通人也同样有很强的借鉴意义。

目录 | Contents

第一章　说话不自信，如何让别人相信你

适当狂傲，以独特的魅力来影响对方 …………………… 002

好口才首先要铿锵有力，掷地有声 …………………… 006

观点强势，别人才会相信你的观点 …………………… 010

坚守自己的观点，不轻易动摇 …………………… 014

梦想有时候比现实更具说服力 …………………… 018

第二章　把话说得委婉得体，轻松让别人接受你

打好太极，避免陷入纠纷 …………………… 022

尊重他人，是高效沟通的前提 …………………… 026

软化锋芒，让批评更容易被接受 …………………… 030

在提建议之前，不要忘了先赞美别人 …………………… 034

说话时以退为进，更容易赢得他人认同 …………………… 038

多提一些共同点，拉近彼此的距离 …………………… 042

第三章　多讲故事，让信息传达更加高效

故事是最佳的营销手段 ····················· 048

通过故事来打造自己的名片，增强话语的吸引力和说服力 052

主动迎合需求，好话离不开利益上的刺激 ··········· 055

宣扬社会价值观，提升话语的引导力 ············· 059

与他人进行互动，让其参与到故事当中 ············ 063

好的故事，需要有曲折的情节 ················ 068

第四章　想要说服别人，先要让他们感到愉悦

言语诙谐，轻松俘获人心 ··················· 074

打破逻辑，以戏谑的方式让人心悦诚服 ············ 078

拿自己开涮，更容易消除彼此之间的隔阂 ··········· 081

巧用类比，方便对方进行理解 ················ 084

多说一些有趣味的话题 ···················· 088

第五章　不按套路说话，吸引他人的注意

提出新颖的观点，抓住他人的眼球 ·············· 094

反其道而行，颠覆人们的常识 ················ 098

拒绝套路，形成自己的逻辑 ················· 102

适当制造悬念，才能引人入胜 ················ 106

借别人的嘴说自己想要说的话 ················ 110

选择一个出人意料的切入点 ………………………… 114

第六章　把话说简单了，别人才能听懂

长话短说，减轻听众的负担 ………………………… 120

点到为止，好口才要注意把握分寸 ………………… 124

说话要开门见山，避免不必要的废话 ……………… 127

条理清晰，确保论证更加有力 ……………………… 131

拒绝专业化术语，把话说得通俗明了 ……………… 134

第七章　真诚的表达，让对方心服口服

真诚的交流，可以赢得他人的信任 ………………… 140

讲述亲身经历，提升话语可信度 …………………… 145

注重细节描述，让对方深信不疑 …………………… 149

合理运用数字，打造更强大的说服力 ……………… 153

感情充沛，说出来的话才有煽动力 ………………… 156

适当保持平民化的语言风格 ………………………… 161

第八章　好的口才也要学会借力

放在宏观环境下来说，提升权威性 ………………… 166

借助名人名言为自己加分 …………………………… 170

借助一个最佳的展示平台 …………………………… 173

寻找参照物进行对比，以此来制造差距 …………… 176

利用冲突，打造热门话题 ………………………… 180

抓住漏洞，借力打力 ……………………………… 184

第九章　借助各种技巧，让表达更具穿透力

释放肢体语言，让沟通更有层次感 …………… 190

多使用提问的方式，引导倾听者进行思考 …………… 194

借助排比句，形成强大的说服力 ………………… 198

"先说观点，后用逻辑"的表达技巧 …………… 202

换位思考，了解对方的真实意图 ………………… 206

主动倾听，保持更好的沟通态度 ………………… 210

第十章　好口才是怎样练成的

影响正常沟通的主要障碍 ………………………… 216

好口才应当练成四种基本能力 …………………… 220

主动与人交流，锻炼口才 ………………………… 223

当众演说，培养自信 ……………………………… 227

努力充实自己，才能言之有理 …………………… 232

附录 …………………………………………………… 235

后记 …………………………………………………… 257

所以我觉得我们阿里巴巴人以后在台上的时候，一定要 be yourself（做你自己），自己站在台上讲，说错了 so what（又怎样）？我觉得很自然。敢开玩笑，站在台上幽默、自信，我比谁都懂这个行业。以前我也不自信，今天我站在台上有自信，我上去只讲阿里巴巴，讲阿里巴巴我可能比台下所有人都要有自信，因为我比他们都懂，讲其他我估计没有自信了。

第一章

说话不自信，如何让别人相信你

适当狂傲，以独特的魅力来影响对方

2017 年 12 月，第四届世界互联网大会在浙江乌镇召开，当时网易的丁磊和京东的刘强东分别组织了饭局，而马云都没有出席饭局，更没有受到他们的邀请。网络上开始出现很多八卦的传言，马云在接受采访时霸气地做出了回应：

"你信不信我今天真搞个饭局，可以把全世界的人都请来，请来一帮土豪，在全世界都是顶级的，还真没几个请得起我的饭局。但饭局没有意义，这不是阿里巴巴要搞的，也不是我要表达的。江湖是讲义气、讲情义的，不是讲争斗的，我反正是不组织饭局。"

这样一段话，几乎瞬间拔高了马云的身份和境界，不过也有人认为马云的话有些狂傲，但是如果整理一下马云以前说过的话，就会发现这样的话在马云的语录中有很多，其中最经典也最霸道的一句话是："我用望远镜也看不到对手，根本不在乎跟谁竞争。"这句话既显示出了马云的大格局，更是坐实了他狂人的身份。许多人都非常疑惑：为什么马云这种级别的企业家会表现得如此狂傲？一些人甚至认为马云缺乏修养和胸怀，可是对于马云来说，这只是个人在与人交流时一种必要的交流方式。

众所周知，沟通和交流的目的是让对方接收并接受相关的信息，可是由于人与人之间的理解能力、价值观、文化水平、生活背景都不相同，导致信息的传递常常会出现一些阻碍。为了确保自己的信息更容易被人接受，有时候发送信息的人会强化自己的信息输出，这种强化有时候会带着一点压迫力，而自信甚至是狂傲的话往往具有一定的压迫感，这是马云说服他人的一个技巧。

　　重要的是，马云的狂傲没有让人觉得很尖锐，也没有让人觉得很不舒服，他的行为并不是一种粗鲁的炫耀。作为一个语言大师，在与人争辩的时候，马云不会丧失基本的礼数，不会将自信变成自大，他说的每一句话都会进行严格的审核，或者用比较合理的逻辑来支撑，或者以形象的描述来增强语言的内涵。仔细进行分析，就会发现马云的狂傲都是有理有据的，他所有的话都不是一种毫无依据的猜测。也就是说，马云有资本和能力兑现自己的承诺，因此人们会觉得他的狂傲表现对得起身份和能力。

　　这种霸气的本质就是个性展示，而这是信息传递中的一个重要部分。有些人与人交谈时，注重讲述什么内容，或者传达什么理念、什么价值观，而马云更加注重个性的展示，因为相比于"说了什么"，有时候"怎么说"更容易让人印象深刻，而个性展示恰恰包含在"怎么说"这个问题之中。

　　马云比多数企业家更懂得释放自己的情感，更懂得释放自己的能力与个性，他比其他人更加洒脱，更加倾向于做一个真实的自己，这也是很多人喜欢听马云说话并且容易被他说服的原因。因为人们在谈话或者表达的时候，喜欢说一些客套话，喜欢表现得更加谦虚低调一些，这些刻意掩饰和包装的行为会让谈话内容变得更加枯燥，而一些更加直白、更加自信的谈话会让人觉得耳目一新，人们可以从这些略带狂傲之气的谈话中真实地了解一个人的想法和性格。

　　有一个社会学家曾说过一段话，大意是中国的企业家大都受着传统的儒家思想的影响，凡事都收着，"示弱""平和""谦虚""忍让"是最基本的熬的准则，这些思想在很多时候对一些商业上的运作有很大的帮助，可是也因此压制住了商业人士的性格与个性。如果对中西方的企业家做一个对比，就会发现那些顶级的中外企业家往往有很大的不同：西方的企业家更加外向，个性更加鲜明，他们更加注重个性的展示与个人的情感体验，很少会刻意压抑自己的想法；而中国的企业家更加内敛，他们更加在意自己的形象是否会对其他人造成不良的影响。

在中国商界，是缺少狂人的，人们也经常会在道德领域对狂人进行批判，可以说整个社会环境会压制住企业家的个性表达。可是对于那些想要成为世界级的企业家来说，更好地展示自己的个性往往有助于拓展自己在世界范围内的影响力。乔布斯是狂傲的，他直接将 IBM 形容成恶魔，将自己定义为拯救者，这种狂人气质让他的一举一动、一言一行都备受瞩目，因此他的话也会被当成是金玉良言。

从语言表述的角度来说，谦虚低调的话往往比较得体，但基本上处于收的状态，在这种状态下，语言的个性魅力稍显不足，难以引起他人的关注，反倒是一些具有非凡自信的话有可能会产生极大的冲击力。无论人们是否具有接受这些"自信宣言"的勇气和意愿，肯定都或多或少地受到了影响。

甲骨文公司创始人埃里森曾经在耶鲁大学发表过一个著名的演讲（据说是他人杜撰的），其中就有这样一段话："说实话，今天我站在这里，并没有看到一千个毕业生的灿烂未来。我没有看到一千个行业的一千名卓越领导者，我只看到了一千个失败者。你们感到沮丧，这是可以理解的。为什么，我，埃里森，一个退学生，竟然在美国最具声望的学府里这样厚颜地散布异端？我来告诉你原因。因为，我，埃里森，这个行星上第二富有的人，是个退学生，而你不是。因为比尔·盖茨，这个行星上最富有的人——就目前而言——是个退学生，而你不是。因为艾伦，这个行星上第三富有的人，也退了学，而你没有。再来一点证据吧，因为戴尔，这个行星上第九富有的人——他的排位还在不断上升，也是个退学生。而你，不是。"

在这里，埃里森的狂人本质显露无遗。尽管这段演说受到了学院派人士以及专家们的一致批评，但仍旧有众多信徒会迷恋他的直率和狂傲，在大众眼中，埃里森是一个非常可爱的人。同样，马云也是一个非常可爱的人，这种可爱不在于他的长相，而在于他嘴里吐露出来的那种舍我其谁的气势，有时候人们很难想象那么瘦弱和平凡的躯体内竟然会爆发出如此强大的气场，竟然包含着如此强大的意志力和野心。

对于自己的狂傲，马云一直都有自知之明："这么多年来，说我狂我觉得已经蛮不错了。最早是说骗，后来说是疯子，现在是狂人，我也不知道下一个级别是什么，反正一路在往上走。"由此可见，马云本人对于狂人的身份并不避讳，毕竟这份狂傲为他赢得了世界性的声誉。

但是狂傲并不代表马云目中无人，他在尽情展示自我的时候，同样懂得自身的不足以及与他人之间的差距："我跟 TCL 李冬生和日本索尼的老总在香港开了一个会议，交流过程中，他们二位让我大为折服，做 CEO 能做到这种地步很厉害。他们把管理看成道，他们有非常清晰的管理理念。后来参加世界经济论坛纽约的论坛，我跟波音的老总、比尔·盖茨以及微软的总裁交流，他们也让我大为折服，我与他们那是没办法比的。有些东西是你没有尝试过的，你觉得自己没有能力去尝试。一比你才发现自己与别人的差距很大。"在这里，马云的低调同样令人信服和尊敬。

好口才首先要铿锵有力，掷地有声

"创业永远挑选最容易做最快乐做的事情，创业不是为了赚钱，而是你喜欢它，你喜欢这个工作，你喜欢做这件事情，那是最大的激情，最大的动力所在。如果你为了挣钱，我告诉你，永远有比你想的更挣钱的东西。你选择是因为你喜欢，你喜欢你就不要抱怨。这个世界上我们可以批判，但是我讨厌那几种，中国社会不能再这样那样，而你们一定会替我们找到未来。今天中国的问题，所有的问题会出现，我告诉大家，60年以前中国也有过，50年以前中国也有过，40年以前中国也有过，600年以后中国还会有，你来到这个世界丰富多彩就是因为有这些东西，不是每个80后、90后都会成功的，但是有人会成功。

"不是每个60后的人都会成功的，但是有人会成功。谁会成功？你勤奋、你执着、你完善自己、你改变自己，这样的人会成功。我不是一个喜欢成功学的人，我不喜欢看成功学，我只看别人怎么失败，从别人失败里反思什么事情我不该做，从别人成功里也会反思，他为什么成功？我要学他的成功还是学他的精神？"

这是马云在某档电视节目中发表的一段演说词，在这段演说词中，马云明确无误地强调了一个观点：不要抱怨生活，不要抱怨社会。同以往一样，这段谈话激情四射、立场鲜明，而且整个谈话拥有很强的气势，这种气势主要来源于内在的力量。其中"如果你为了挣钱，我告诉你，永远有比你想的更挣钱的东西。你选择是因为你喜欢，你喜欢你就不要抱怨。"这句话不仅点明了主题，还展示出了马云一贯的态度，这种态度是强势的，没有任何回旋的余地，没有任何妥协的空间。

在这里，马云的谈话带着一点思辨色彩，在描述某个观点时主观性很强，并带有一点"结论式"的口吻，这让他的观点非常坚定，非常直接且富有冲击力，听众有时候会觉得马云的话就是真理，就是最佳的结论。

除了这种"结论式"的表达之外，还有一种铿锵有力的形式，就是"宣言式"的表达。也就是说，马云在表达或者阐述自己的观点时，为了制造冲击力，会想办法以宣言的形式来说话，这些宣言不仅力道十足，而且具有很强的吸引力。

比如在第四届世界互联网大会上，马云热情洋溢地说了这么几句话："未来贸易应该属于中小企业。过去是 20% 的人受益，未来应该是 80% 的人受益。"而作为助推中小企业发展的一个重要平台，阿里巴巴需要承担起相应的责任，因此马云掷地有声地提出了一个要求：阿里人未来要有家国情怀、世界担当。这句话听起来像是一个要求，但更像是一种宣言。

这种宣言并不是软绵绵的描述性语言，而是气势十足的高调展示，它具有两个特点：简单直接、充满力量。比如，在创立蚂蚁金服的时候，马云说道："银行不敢做的，我敢！几乎所有人都知道，中国的小微企业、中国的农村要靠传统银行，基本上就是一个梦，永远不可能实现的梦。"

"未来三年，我要投入一万亿人民币给广大的农村兄弟们，方便他们开始创业。"

马云的话非常简单，观点明确，目的也很直接，没有任何遮遮掩掩、含糊不清的地方，而且这几句话说得很有底气，绝对不是单纯地为了卖弄或者吸引眼球，更不是敷衍了事。无论是态度上、气势上，马云都表现到位，这让他的话更具冲击力和影响力。

如果注意观察马云的演讲，就会发现他在谈论某件事的时候，一定会提出一个强有力的观点，或者进行充满力量的表态，而绝对不是空泛地谈论自己的想法，更不会说一大堆无足轻重且表态不明朗的话。这种强有力的表达，往往容易产生一种最直接的冲击力。

不过，铿锵有力的声音并不意味着大嗓门，并不意味着大吼大叫，而是一种气势。其实马云的声音并不算大，而且说话的语速也不快，仅仅从马云的声音来看，他并没有刻意在音量上给听众制造冲击，但是声音不高并不代表气势不足，并不代表表达缺乏力量。

那么普通人该如何掌握这种铿锵有力的表达方式呢？该如何让自己的声音呈现出强大的冲击力呢？

第一，观点要清晰，立场要明确坚定。一个清晰的观点和坚定的立场是构建整段话的基石，观点是内核，而坚定的立场则是围绕这个内核构建起来的一种良好态度。马云的谈话并不是处于游离状态的，而是有一个最基本的观点作为内核。

第二，说话的内容要简短一些，最好能够直接突出主题，而不要无谓地说一些没用的话。当一段话说得简单、短促时，力量感自然会表现出来。在阐述某个观点的时候，马云很少说一大段的话来做铺垫，而是借助简短的几句话或者几个词来创造压迫感和爆发力。

第三，要注意发音。一些人说话的声音很小，而且没有激情，这样的声音本身就会绵软无力，让人觉得信心不足。还有一些人吐字不够清晰，说话的时候会让人觉得故意保持含糊、一带而过。此外，要注意声调，有些人说话的时候习惯于把像第二声这样的上升调读成曲折调，以至于发音时不干脆利落，发音的时长也会变长，听感上会觉得缺乏力量。因此在发音的时候要多注意使用一些上声调，尽量少一些曲折调。

对于一般人来说，只要掌握了上面几个基本技巧，就可以像马云一样说得更有力量，更有冲击力。

观点强势，别人才会相信你的观点

马云是一个非常自信的人，他在与人争论，或者描述某个观点的时候，通常都很果断直接，观点也偏于主观，很少会听到马云在提出某个观点时，选择一个备份方案给其他人参考。这种强硬以及绝对性让马云的谈话气场强大，整个话说起来非常有力度，这是他保持攻击性和竞争力的关键，听众往往会不自觉地被这种气势所慑服。

在许多人的演说中，他们会选择走一条灰色路线，即尽量将观点说得模糊一些，尽量让自己的话富有张力。所以通常情况下，他们在说话时都不会显得太过于绝对，而是尽量保持保守的态势，他们说话时会保留一些可能性与不确定性。而马云常常显得非常干脆和强势，在他的谈话中没有太多模棱两可的东西，没有太含糊的表达和描述，他的话就像锋利的刀一样，一刀劈下去，必定会分成界限分明的两半。如果对马云的话进行分析，就会发现他的观点基本上都立场鲜明，只要他认为是怎样的，就会怎样进行表达，他非常清楚自己要这样做，以及不要那样做。在他的话中充满了自信，人们几乎不会听到他提出替代方案进行自我强调，他的很多话都带着强势的观点。

——"短暂的激情是不值钱的，只有持久的激情才是赚钱的。"

——"我自己不愿意聘用一个经常在竞争者之间跳跃的人。"

——"创业时期千万不要找明星团队,千万不要找已经成功过的人。创业要找最适合的人,不要找最好的人。"

——"碰到灾难第一个想到的是你的客户,第二想到你的员工,其他才是想对手。"

——"一个成功的创业者,三个因素:眼光、胸怀和实力。"

——"《赢在中国》没有失败者,只有幸运者。"

——"有结果未必是成功,但是没有结果一定是失败。"

——"Judge(评价)一个人,一个公司是不是优秀,不要看他是不是 Harvard(哈佛大学),是不是 Stanford(斯坦福大学),不要 judge 里面有多少名牌大学毕业生,而要 judge 这帮人干活是不是发疯一样干,看他每天下班是不是笑眯眯回家!"

——"人生一般有三层机会。第一层,年轻的时候你啥都没有,其实这个时候都是机会,因为你满手都是空的时候,想做什么就做什么。

"第二层机会呢,你刚刚有点成功的时候,你觉得到处都是机会。有人跟我说,马云,现在互联网到处都是机会。是啊,你没钱时你骗别人,你有钱时别人骗你。你自己觉得都是机会的时候,反而要想清楚,你有什么、你要什么、你放弃什么,而其实真正属于你的机会并不多。

"最后一层机会,是给别人机会。30 岁跟别人干,40 岁为自己干,50 岁要给别人干,要给别人机会,给年轻人机会。"

在以上这些谈话中,可以发现马云说话和表达的一些基本特点,比如马云经常使用一些肯定性的、绝对性的词汇:"最""一定""千万""只有""是""不是"，等等。肯定性的词汇无疑增强了马云说话的气势，无疑让整个谈话变得更有说服力。就像商场的售货员一样，如果售货员告诉消费者："这个产品有可能会产生副作用。"那么消费者必然会犹豫自己要不要购买，而且多数情况下，他们会主动放弃。如果销售人员肯定地说："这个产品绝对没有副作用。"那么消费者的担心会降低不少。

马云是一个强势的信息输出者，他的思路非常清晰，逻辑和论证都围绕着一个特定的观点，无论别人认同与否、喜欢与否，他都会直接将其展示出来。这种坦率的、直接的、主观的表达往往或许听上去有些鲁莽、有些感性，但确实可以在第一时间抓住人们的眼球。

许多人一直都觉得自己的话没有说服力，常常在辩论中处于劣势，并不是因为自己的知识量少，也并不是因为自己的逻辑习惯不强，而在于他们在表达的时候，过于追求理性，经常会选择使用一些不确定的语言。这些表达方式的确更加稳重一些，不容易得罪别人，但是也因为缺乏个性和自信而导致吸引力和说服力大打折扣。

想要培养出像马云一样自信的表达方式，就要表现出更为强势的观点，需要一个更加鲜明的立场。比如，说话的时候要使用肯定的语气，使用肯定性的语言，所有的观点都必须是一个立场明确的结论，而不是含糊不清的表达。另外，保持强势也很重要，一个自信的人往往会强势推行自己的观点，这种气势在很多时候是超脱理性的束缚的，它可以形成压迫感和冲击力。尽管人们可能会担心倾听者会审核这些话的逻辑性，会验证这些话是否合理，可事实上，在理性与感性的交锋中，多数时候都是感性占据了上风，倾听者同样会受到这份感性的影响。

如果对很多名人的观点进行分析，就发现它们在逻辑上往往说不通，或者根本不合理，例如"存在即合理""我思故我在"这样的话，其实就是非常强势的观点，它们在哲学或者逻辑学上根本经不起太多的推敲，是一些伪命题，可是它们在传播的过程中往往会给人造成强烈的冲击，人们轻易就会受到这些名人名言的影响。究其原因就在于，名人在说话的时候具有非常强大的心理优势，他们可以更加肆无忌惮地输出自己的想法和看法，可以强势地将相关信息灌输给听众，这种冲击性越强，听众反应的时间就越短，理性思维的作用就越小。

所以提出一个强硬的明确的观点很重要，它比模棱两可的表述更有杀伤力，对于个人形象的塑造和个人理论体系的形成更有帮助。

坚守自己的观点，不轻易动摇

在日常沟通中，有的人明明有出色的想法，有非常好的点子，可是一旦别人提出了不同的看法和观点，他们就会习惯性地质疑自己的想法，甚至放弃自己的想法，转而迎合他人，似乎只有这样才能真正站在同一阵营内探讨相关话题，并解决出现的问题。

在群体中，这种现象可能会更加常见。比如当整个团队中只有一个人提出反对意见时，那么这个人势必会陷入孤立状态，人们会觉得他在无理取闹，或者问题就出在他身上而已，他所提出来的种种不满或者否定几乎毫无根据，不过是自己错误的理解罢了。在这种压力下，提出反对意见的这个人同样会产生一种消极的看法：问题可能真的出在自己身上，可能真的是因为自己的想法出错了。

尽管每个人都希望自己的观点能够获得他人的认同，但是对于那些缺乏自信的人来说，他们连自己的观点也提出疑问，连自己的立场也轻易动摇，这样的表现根本不可能产生什么真正的说服力，他们在群体中的公信力也会下降。

为什么有的人会轻易相信别人？这里主要包含两个方面的原因：

首先，当个人与他人的观点保持一致时会认为自己的观点获得了一种社会性的证实，个人会这样认为：这就是正确的。按照他们的想法：硬币的另一面也许更为重要，但是这一面才是更为合理的。人们一直避免见到那些意见和自己不一致的人，这种情感甚至比期待见到那些与自己观点一致的人更加强烈。

这种行为模式的社会原因在于，当人们意识到有人反对自己的观点，那么就意味着自己可能错了，这种可能性无论有多大，对自己而言都会是一种惩罚。为了避免出现这种情况，最简单的方法就是迎合别人的观点，至少很多人会因此而显得不够自信，他们并不认为自己有能力说服他人，甚至觉得自己的观点可能存在一些自己也没有发现的缺陷。

其次，某人在某个问题上与他人意见不一致，通常会有一方认为对方的思维有很大的漏洞，甚至存在人品问题，他们会千方百计说服自己：对方就是自己在过去所遇见的那一类不道德的傻瓜。对于那些老实人或者胆小的人来说，他们同样会担心自己在对方心目中留下这样的印象，因此当分歧出现时，他们很容易动摇自己的观点。

有的人在分歧面前会主动退让，而马云却很少这样做，他拥有超强的自我价值认同感，对于自己的想法和观点往往保持充分的自信，无论别人怎么说，无论环境怎样变化，他都会选择坚守自己的立场。不仅如此，他还会想办法重复强调自己的想法，直到对方接受为止。

比如在创业的过程中，马云常常不被人理解，一些人还认为马云不过是一个骗子，而阿里巴巴不过是一家骗子公司。在创办淘宝、支付宝、蚂蚁金服的时候，马云遭遇到了同样的问题，总是会有很多人对马云的创业动机提出疑问，总有人会觉得马云一定是想出了新的圈钱方式。

面对大家的质疑、批评和刻意抹黑，马云只能采取最死板的方式进行回击，那就是一遍遍进行解释，一遍遍重复讲述自己的商业计划，一遍遍进行宣传。他曾经说过一句话："听到了，断言，重复，传染，断言我是第一，传十遍，然后不断地重复说一百遍，然后你就是第一了，很多事都是这么起来的。"

许多人都知道马云是中国知名企业家中最喜欢四处演讲的，人们觉得他就像一个到处走穴的演员一样，在最繁忙的时候，马云一个月要飞三次欧洲，一周之内要跑七个国家。每次到达一个新的国家，他就会去学校进行演讲，会参加重要的商业大会，还会去电视台参加节目。马云之所以如此勤快地参加演说，之所以如此频繁地在公众面前露脸，一个重要的原因就是尽可能地宣传阿里巴巴以及阿里巴巴的业务，他希望全世界的人都能够接受阿里巴巴，能够接受 B2B 这种商业模式。

如果对马云的说话方式进行分析，就会发现，他经常在演说中重复提到某个重要观点，或者多次宣传自己的企业和业务。有时候在演说的开头，马云会提到某个观点，在结尾的时候又重复强调一次。如果有人还提出疑问，他还会在其他场合再谈论这样的话题，直到对方接受为止。

在 2007 年的一次演讲中，马云坦诚地说："我真的是对不起，每次自己讲的思想都是差不多的，其实我七年前讲的话跟今天讲的话都差不多，但是听的都不一样，功力不一样，三年阿里人会听三年，五年你会听五年，烦来烦去的，总是围绕着我们的信念走，说来说去就是做人的道理、做事的原则，但是怎么做事情，我相信你们一定比我做得好。"

有人评价马云就像一个超级营销员一样，总是孜孜不倦地推销自己的观点，总是一遍遍强制将自己的理念和东西灌输给其他人，无论他人是否愿意听，是否能够听进去，马云都有办法采取病毒式营销来打动对方。但是这种方式也表明马云是一个坚守立场的人，无论别人提出何种质疑，无论别人如何进行抨击，他都不会轻易改变自己的立场。

这种坚决的态度既是自信的表现，也是自信的来源，更是说服他人的有效方法。事实上，每个人都有自己的想法和立场，这些想法和自己的思维模式、日常见闻、知识储备等息息相关，想要改变他们并不容易，所以说服一个人有时候既是对能力的考验，也是对自身耐力的考验。有些人可能在第一遍、第二遍无法说服他人之后，自己也开始放弃了，而那些坚守立场的人会继续说第三遍、第四遍……一直到你认同这个观点。而这往往会让人产生一种看法：对方的观点一定经得起考验，否则没人会这么坚持。这也印证了一句话：当一句话说上千百遍的时候，就成了真理。

梦想有时候比现实更具说服力

2005 年 8 月 11 日，阿里巴巴和雅虎中国公司在中国大饭店召开新闻发布会，当时阿里巴巴首席执行官马云正式宣布，阿里巴巴收购雅虎中国的全部资产，同时获得了雅虎公司 10 亿美元的投资。作为我国互联网史上最大的一起并购事件，它对阿里巴巴的发展有重要的作用，因此在新闻发布会上，马云表现得意气风发，他还发表了一段雄心勃勃的谈话："我想创办一个世界上最伟大的由中国人创办的公司，我想把它变成世界 500 强的公司里第一个凭自己本土企业、凭实力打进去的公司。"

在当天的新闻发布会上，收购事件似乎被淡化了，反倒是马云的这一番话成了大家讨论的焦点。许多媒体将马云评价为一个"狂人"，当然，更多的人还是对马云身上的自信表示赞赏，为他身上的那种魄力和野心叫好。相比于其他人谦虚的论调，马云的表达更加直接、更加狂野，也更有野心，他直接给自己设定了一个高远的目标，而这恰恰是自信的最好表现。

在《赢在中国》这档节目中，马云曾经霸气十足地说了这样一段话："在我刚开始创业的那个时候，有人说如果阿里巴巴能够成功，无疑是把一艘万吨巨轮从喜马拉雅山脚下抬到珠穆朗玛峰顶，我就要让他们看看我是如何把这艘万吨巨轮从珠穆朗玛峰顶抬到山脚下。"

这段话中具有一个明显的对比：人们将阿里巴巴的成功形容成把一艘万吨巨轮从喜马拉雅山脚下抬到珠穆朗玛峰顶，而马云则表示自己要把这艘万吨巨轮从珠穆朗玛峰顶抬到山脚下。从抬到山顶到抬到山脚下，这样的对比无疑显示出了马云极大的自信。

有人觉得马云既然接受了赞美，就应该保持谦虚和低调的作风，可是马云却制定了更高的目标（把这艘万吨巨轮从珠穆朗玛峰顶抬到山脚下），这样的表态很容易让人觉得马云有些骄傲，但是如果认真分析马云的动机，就会发现他之所以这么说，不过是希望通过这番话来实现自我激励，毕竟只有先激励自己，才能够更好地激励别人，也才能够说服他人。

哈佛大学心理学教授威廉·詹姆斯曾经写下了六句话："倘若你对某项结果足够关心，你自然一定会完成。如果你希望做好，你就会做好。若你期望致富，你便会致富。若是你想博学，你就会博学。只有那样，你才会真正地期盼这些事情，并一心一意地去做，而不会费许多心神再去胡思乱想其他不想干的杂事。"

一个出色的演说者必须将自己投入到未来的形象中，然后努力使其成为现实，这样才能够影响到其他人的判断，这就是自信的一种表现。如果人们能够给自己设定一个目标，并通过这个目标来激励自己，那么它同样也会对其他人产生激励。相反，如果一个人对自己的未来表现出不确定、犹疑或者过度保守的姿态，那么他在展示自己形象的时候也会显得底气不足。

有三个高才生去一家大公司应聘，由于三个人的专业技能都很突出，而且在笔试的时候都以优异的成绩通过了考核，老总有些难以取舍，于是决定亲自进行面试，老总让他们各自谈论一下对这份工作的看法以及对未来的展望。

第一个高材生非常谦卑地说："我希望找到一份能够养家糊口的工作，而贵公司的工作非常适合我，如果有幸的话，我希望能够获得这样的机会。"

第二个高才生说："这份工作非常适合我，我希望可以借助这份工作来施展自己的才华。"

第三个高才生说："有一天，我会成为该领域最出色的人才，而我相信贵公司是实现这一目标的一个最佳平台。"

老总听完三个人的表述之后，直接录用了第三位高才生。同样都是应聘工作，同样都需要这份工作，为什么他会选择第三个人呢？原因很简单，那就是第三位高才生更自信，他给自己设定了一个更高的定位，这样的信心对领导来说往往有很大的吸引力，而另外两个人相对保守一些，表面上看起来是谦虚，但这样的表态有时候难以打动他人。

在台湾演讲的时候，马云曾经说过这样一段话："我跟很多名牌大学毕业的人讲，你要用欣赏的眼光，看看那些非名牌大学毕业的人。如果你毕业于像我这样的学校（杭州师范学校），甚至连我这样的学校都不是的话，请你用欣赏的眼光看看自己。"在很多时候，鼓励自己、赞美自己往往会让他人产生触动，反过来说，如果连自己也不相信，如果连制定一个更高目标的勇气也没有，那么拿什么去说服他人？

有一首诗歌是这样说的："鳕鱼下了一万个蛋，而家养的母鸡只下了一个。鳕鱼从来不开口讲述它所做的；因此我们轻视鳕鱼却奖赏家养的母鸡。"在日常生活和工作中往往也是如此，那些会主动展示自身实力，会展示自己梦想的人（给自己描绘一个蓝图）往往更容易让人相信他们是具有真才实学的，更容易让人相信他们所坚持的是正确的。

很多时候，人们都会认为事实才具备说服力，只有在自己做到某件事的时候，才会体面地展示出来，但有时候一个善于编造梦想的人，反而更能够打动人心，毕竟人们不关心你现在做了什么，而关心你未来能做什么。

创业者如何将公司慢慢做起来，做好、做强、做大？最近，我觉得自己的名气大了起来，特别是上市以后，人们看我的眼光不对劲了，媒体也跟着起哄，大家觉得阿里巴巴怎么这么厉害，马云怎么这么厉害。在取得了一点成绩以后，我们可能会忘掉自己是谁，因为我们年轻，我们是平凡人。创业的时候，我不断提醒自己我们是谁，我们从哪里来。11 月 6 日阿里巴巴上市的时候，大家觉得阿里巴巴真的很伟大，怎么会有这么高的市值。对我来说，11 月 6 日跟 11 月 5 日是一样的，我没有觉得自己有怎样的变化。

——马云

第二章

把话说得委婉得体，轻松让别人接受你

打好太极，避免陷入纠纷

在 2017 年 1 月份举办的达沃斯论坛上，美国记者索尔金向马云提问，他一上来就提出了一个尖锐的问题："中国代表东方，那如果说美国要代表所有其他人呢？这种对立如何解决呢？"这个问题实际上从一开始就给马云下套，故意将中国和美国对立起来，如果马云顺着对方的思路去说，就可能引发巨大的争议。

为了避免掉入陷阱，马云做出了巧妙的回答："世界需要新的领袖，但新的领袖意味着携手共进。这是我的理解。新的领导并不需要是特定的某一个，来教导大家什么可以做，什么不能做。"很显然，马云没有停留在"中国是中国，美国是美国"这样具有分裂性的立场上来解答，而是站在更高层次上看待问题，成功避免了记者将中美对立起来制造话题的企图。

记者还不肯罢休，接着提问："对比阿里巴巴和亚马逊，到底哪种商业模式正确？"马云想也没想就直接回答道："我希望两者都是正确的，因为世界不止一种商业模式，如果世界上只有一种'正确'的商业模式，这个世界将非常乏味。我们需要各种各样的模式，为某种模式而努力的人们必须相信这种模式，我相信我所做的。"马云一如既往地打起了太极,并没有明说阿里巴巴和亚马逊孰优孰劣,而是认为两者都是正确的,两者都不是标准,只要自己相信这种模式是好的就行。

马云是一个非常坚决、非常干脆的人,他的话语中带着很多强势的元素,让人觉得威慑力十足,看上去,他是一个激情十足的感性人物,但这并不意味着马云就是一个非常自我、非常鲁莽的人,在很多重要的时刻和重要的场合,他同样会表现得非常理智,同样可以把话说得天衣无缝。

在韩国举办的平昌冬奥会开幕式后,记者曾经问马云(阿里巴巴成为国际奥委会全球合作伙伴)这样一个问题:"这些天网上都在说,中国有马云、马化腾,国际上出了一个马斯克,把他的跑车发射到太空中去了。您觉得马云和马斯克谁更厉害?"

马云回答说:"我觉得竞和争是两回事,我们共同要竞,未必要争。公司内部,我希望大家多竞、少争。马斯克,我觉得他是位很了不起的创业者。每个人的领域不一样,苹果和香蕉一定要去比较,每个人的说法肯定不一样。作为一个同样的创业者,我对他的远见、勇气、胆略非常钦佩,也祝贺他。但是拿我们两个去比较,或者和马化腾去比较,没必要吧? 一比较,反而就麻烦了,他有我们没有的东西,我们也有他没有的东西。但是我们都互相尊重。我觉得这世界上应该不同而美丽,每个人都应该不一样,有的人愿意上天,有的人愿意下海;有人愿意往东,有人愿意往西;有的人喜欢高科技,有的人喜欢商业多一点。我喜欢用技术改变人类的生活方式,这么多年来,我从未改变过这一点,那就是对生活的热爱。我希望技术让人类生活得更好。"这样一番巧妙的回答，很好地避开了问题所设置的矛盾与陷阱。

在日常生活中，人们也常常会遭遇到类似的事件，有时候必须被迫对某一些敏感的、模棱两可的、缺乏了解的事情做出分析。这种分析往往带有很大的风险，容易让自己卷入麻烦和冲突之中，可是选择逃避又可能招来非议，这个时候选择用打太极的方法就可以有效缓解尴尬。

打太极是说话艺术中比较常见的一种方式，在涉及一些比较敏感，或者不想说的内容时，人们通常会采取兜兜转转的方式来逃避重点，不给出一个准确的观点，而是进行一些似是而非的表达。说话打太极完全是由打太极拳和太极推手衍生而来的说法，有人认为它讲究沾粘连随的技巧。

"沾"是保持距离，不远不近。在演示太极推手的时候，双方手腕相搭，不会出现擒抱等动作，更不会在搭上手腕后顺势发起攻势，而是始终保持一种搭手的动作。

"粘"是说抓住重点。对于推手的人来说，为了防范对方突然变招，也为了防止自己的动作失去目标，想办法粘住对方的主要攻防点非常重要，这样就可以确保自己在攻防转化中保持主动权，并且减少突发状况带来的意外。

"连"是说用力均匀，不出蛮力。在进行太极推手的时候，双方的动作、力量都应该是连贯的，不能出现太大的跳跃，如果贸然跳跃，就可能误伤到别人。

"随"是说理解和吃透对手。在太极攻防中，一方的进退要以另一方的进退相随，这是攻防的一个基本要求，也是快速摸清对方意图，并做出快速反应的需求，如果不想着去理解对方，那么就会陷入胡打乱打的局面。

将这一套理论运用到说话当中，就包含以下几个方面：保持合适的社交距离；说话连贯有条理，不轻易出现跳跃；始终把握话题核心，注意何时何地以及如何更换话题；听取并理解对方的谈话内容，想办法了解对方的真实意图。

保持合适的社交距离：确保自己不会和相关事件以及相关事件中的人靠得太近，这样做的目的是避免让他人觉得说话的人和涉事的某一方有感情或者利益上的关联而出现评价上的倾向性。说话的人只有避免靠近某一方，才会显示出评价的公正性，才会让自己的话更具说服力。

说话连贯且不跳跃：是为了有效地保持沟通的顺畅性，说话的人可以更有条理地表达自己的想法，并且做到循序渐进。如果说话者突然进行跳跃，那么整个话题就会显得不伦不类，倾听者也难以进行应对，沟通的节奏就会被打乱，倾听者自然也会产生不悦。

把握核心，切换话题：这样做的目的是避免自己深入到敏感地带，或者触碰到一些敏感的信息，及时且巧妙地绕过核心话题，并且转化到其他话题上，这样就可以在交流的同时避免惹上麻烦。

对于一般人来说，打太极是一种比较高明且比较实用的沟通方式，它可以有效模糊表达者的立场和观点（说话的人可能已经有一个比较明确的观点，但是刻意模糊化），确保沟通不会进入死胡同中。

尊重他人，是高效沟通的前提

多年来，马云和马化腾这两位互联网大佬始终保持着亦敌亦友的关系。一方面，腾讯公司与阿里巴巴存在着直接的竞争关系；但是另一方面，腾讯公司和阿里巴巴存在着共同的商业利益。马云和马化腾的私交也不错，在各个公开的场合，马云都对马化腾和腾讯表达了尊重，而没有随意进行诋毁。

比如有人曾经问马云是否使用微信朋友圈，这个问题实际上是一个很大的考验，毕竟在评价商业竞争对手的时候，许多人更加倾向于维护自己、贬损对方，但是马云并没有这样做，而是大方地承认自己使用微信朋友圈，而且朋友很多，不仅如此，他还强调微信非常好用，非常出色。

阿里巴巴在推广社交软件钉钉时，曾经大幅度地在地铁打广告，并且在广告词中特意调侃微信不安全，没有钉钉好用。这样的广告词有刻意贬低对手的嫌疑，自然会引起腾讯公司的不满，可是在腾讯公司表达不满之前，马云就已经对钉钉团队这种咄咄逼人的广告词感到不满，他不仅没有夸钉钉团队，反而大骂钉钉团队没有职业操守。为了平息可能引发的纷争，马云甚至亲自打电话给马化腾道歉，言语中满是愧疚。这样的举动对于马云来说非常少见，毕竟他一直给人的感觉就非常自信和狂傲。但是如果深究原因，就不难发现，马云一直都是一个对他人心怀敬意的企业家，对于他人好的东西，对于他人的成功之处，他都会给予最起码的尊重。结果马化腾并没有因为这件事和马云闹不愉快，双方仍旧保持良好的私人关系。

在人际沟通中，人们都希望自己的观点获得认可，但是不同的人会有不同的想法和立场，也会有不同的利益需求，这时候就容易产生分歧，并很快涉及"自我价值保护原则"。自我价值保护是自己对自身价值的心理支持，目的是防止他人对自己的观点进行贬损和否定。自我价值的确定通常都是通过别人的评价来确立的，这样就使得人们对他人的看法和评价非常在意。一旦他人不同意自己的看法，一旦他人提出不同的意见，人们自然会将自己和对方对立起来，并且想尽办法为自己的观点辩护（即便是那些看起来有些懦弱的人，即便是喜欢顺从他人的人，从内心来说也希望为自己辩解，希望他人认同自己）。

自我价值保护的行为很容易引发纠纷和争吵，甚至造成更为激烈的矛盾冲突，但是这些冲突是可以避免的，而且人们也可以在避免出现冲突的情况下成功地说服对方，这种说服需要极高的表达技巧，而最常见的技巧就是表达自己对他人的尊重。许多人常常会忽略这一点。

由于说话的目的是传递信息，因此他们会觉得说话一定要自信，要有明确的自我意识，要提供更有说服力的证据和论点，只有这样，才能输出自己的观点。但信息的输出有时候需要看对方是如何接受的，而尊重他人，则为自己的信息输出奠定了良好的基础。

那么该如何做到尊重他人呢？最重要的一点就是态度上要谦逊，要懂得尊重他人的观点。坚定自己的立场与保持谦逊的态度并没有冲突，坚定立场是对自己的尊重，而谦逊的表态则是对他人的尊重，尤其是当个人没有把握去直接说服对方的时候，保持尊重的态度会让对方更容易放下戒备。

国外有这样一个故事：当你飞行在石器时代的原始人上空时，

你穿上降落伞，跳下飞机，就在你往下飘落的当中，你看到原始人将火把插在背包里携带着。等你降落，走向他们，你说："你们这些人对火完全不了解！"然后你猛然抽出你的打火机，把火点燃，你知道接下来可能会发生什么事吗？他们会把你当早餐吃掉！

现在，同样的情节：你跳下飞机，看到他们将火把装在背包里携带着，等你降落，你走向他们说："你们这些人真棒！我好喜欢你们的生活方式。我想变成你们，能不能让我跟随你们？我绝对会让自己有用的。"嘿！你猜怎么着？原始人面面相觑，然后说："管他呢！你高兴就跟着吧。"

三四个月过去了，你努力去做任何需要做的事，你建立了一些关系，现在你有机会和部落里三四个重要人物一起来个小小的狩猎探险，在探险途中，你说："知道吗？我真喜欢我们的生活方式，我们与自然为伍，彼此又能和平共存……顺便告诉你们，在我来的地方，我们使用火的方法有点小小的不同，我不知道哪种方式比较好，但我想弄给你们看看，听听你们的意见。"于是你抽出你的打火机，让他们看着你点燃火，这时可能发生什么事呢？他们会推崇你当酋长。

好口才的一条基本准则就是"永远不要让别人讨厌"，人们可以表达自己的想法，但千万不要惹人生厌，否则无论观点多么正确，无论语言多么生动，都可能会导致沟通失败。为了确保能够尊重他人，说话者在表达自己的观点时，不要全盘否定对方的想法，不要直接对他人的想法指手画脚，不要总是想着"我的想法一定比你好"，而要懂得对对方给予适当的认可，比如人们可以这样说：

"看得出来你非常努力，做到这一点也很不容易了。"

"你的方法很新奇，我想你应该也很用心地在做这件事。"

"我看过你的方案，有些内容很不错，不过我这儿也有一份方案，不妨也拿出来探讨一下。"

…………

对于沟通双方来说，想要确保彼此之间不会出现什么误会，那么就需要保持最基本的敬意，无论对方的观点是否正确，无论对方的举动是否合理，都不要直接提出批评。委婉的、温和的态度，有时候会让沟通事半功倍。

此外，尊重还体现在一种愉悦的情绪展示上，在说话的时候，适当表达对听众的喜欢，这一点至关重要。《有影响力的人类行为》这本书中提到了一个观点："喜欢产生喜欢。如果我们对听众有兴趣，听众也会对我们产生兴趣。如果我们不喜欢台下的听众，他们不管在外表或内心，也会对我们表示厌恶。如果我们表现得相当胆怯而且慌乱，他们也会对我们缺乏信心。如果我们表现得很无赖，而且大吹其牛（翻译的原因），听众们也会表现出自我保护性的自大。经常地，我们甚至常未开口说话，听众就已经评论我们的好或坏了。因此，我有充分的理由指出，我们必须事先确定我们的态度，一定会引起听众热烈的反应。"

因此说话的人出现在听众面前的时候，需要表达自己的善意和喜悦，需要向对方传递这样一个信息："我很高兴来到这儿，很高兴坐在这儿和你交谈，并且乐于见到这些人。"说话的人需要面带微笑，语气要温和一些，这样听众就会觉得他很亲切。

软化锋芒，让批评更容易被接受

　　1842年秋天，一位自负好斗的爱尔兰人怒气冲冲地找到林肯，并指明要与他进行决斗。原因在于林肯之前在报刊上批评和讥讽了对方，而这个爱尔兰人刚好是一个敏感而骄傲的狂人，他得知是林肯在毁坏自己的形象时，非常生气，于是提出了决斗要求。林肯并不想决斗，可是碍于脸面和男人的尊严，又不得不迎战。之后双方选好了刀剑，并在密西西比河的一个沙滩上碰面，好在最后时刻，双方的助理赶到现场，这才避免发生流血和死亡事件。

　　这件事几乎成为林肯一生中最恐怖的私人事件，而经历了这一次教训，林肯变得更加成熟，不再出言批评和讥讽他人，即便有时候想要纠正他人的错误，他也尽量选择更加温和、隐晦或者幽默的方式做出表态。

　　卡耐基在评论这件事的时候，提到了一个问题：如何让个人的批评变得更加柔和有效，能够被他人轻易接受？他还教导人们在与他人相处的时候，一定要记住，和自己来往的那些人并不是逻辑性很强的人物，而是一些充满感情的人物，他们充满了偏见、骄傲和虚荣，他们拥有人性中一些常见的弱点和缺陷。正因为如此，所以千万不要冒冒失失地去触动他人情感上的雷区。

批评他人往往是一件有必要但很冒险的事情，领导需要批评没有执行好任务的下属，家长会批评犯错的孩子，朋友之间也会相互批评、相互监督，就连陌生人之间也常常免不了针对一些分歧和错误进行批评。合理的批评能够有效缓解矛盾、纠正错误，而不合理的批评不仅无益于问题的解决，还可能引发新的矛盾。

在某一期《赢在中国》的节目中，曾经创立泡泡网和汽车之家的80后创业者李想提到了一个观点，那就是"做产品不能先在朋友圈内营销"。马云对他的观点和做法提出了批评，当然马云并没有倚老卖老，而是以一种非常温和且带着幽默的方式与对方进行交流："李想确实是将理想和现实矛盾起来，实际是理想和现实不应该是对立的，朋友和生意也不应该对立起来。兔子先吃窝边草，所以创业要从兔子干起，假如你的朋友都不认可你的产品，那么你的生意注定是失败的。还有一点就是，你是代理队长就应该承担代理队长的责任，把大家团结在一起，明确一个目标。这时你心里的矛盾就变成整个团队的矛盾。如果你不能统一起来，那么这个队长工作就不适合你。其实理想、现实、朋友、生意，根本没必要矛盾起来！"

马云让李想做一只"先吃窝边草的兔子"，这本身就是一种非常幽默的说法，这样的批评不仅没有引起对方的反感，还博得了大家一致的赞同。

2015年4月，王健林曾在公共场合呛声马云："去年我跟百度、腾讯成立一个公司，有人给我们取名字，说我们叫腾百万，更可恨的一个名字，叫玩淘宝。第一，你认为我们会是玩淘宝吗？第二，假设我们三个是梁山的晁盖、宋江和吴用，现在想拉你入伙，你上不上梁山呢？"

面对王健林的攻势，马云表示："任何一个组织，首先要问你的使命是什么，愿望是什么，共同的价值观是什么，要得到的结果是什么，只有这样，才能起到了不起的作用。梁山 108 将，合在一起的核心是替天行道，他们共同的价值观是江湖义气、兄弟为大。

"你们三家我觉得有点像凑拢班子。健林需要完全彻底的改革，进行转型，我深刻理解。另外两个兄弟觉得，我出一点点钱，有人去搞阿里。我觉得很高兴，大家真的这么想，是因为联合在一起可以做非常大的市场。未来真正机会之所在，就是如果阿里有机会能够跟万达这样的传统企业结合好，大家共同开拓未来、创造未来，而不是战役上的防御和抵制，否则任何结合都是乌合之众。"

在这里，马云并没有扯开嗓门发动攻击，而是委婉地批评这三家公司的合作就像是凑拢班子。不仅如此，马云也巧妙地表达了日后与万达合作的期待，这样就让整个批评显得很温和。事实也证明了这一点，腾百万的运作并不顺利，并且以腾讯、百度退出告终。

在《非暴力沟通》这本书中，作者提出了这样一个观点：听到那些不中听的话时，人们通常有四种选择：责备自己，指责他人，了解自己的感受和需要，用心体会他人的感受和需要。其中，指责、批评往往暗含着期待，对他人的批评实际上间接表达了批评者尚未满足的需求。对于接受批评的人来说，他们也许会认识到批评者的良苦用心，但是如果批评者的表达过于激动，那么同样会引起他人的抵触情绪。

如果对马云的批评方式进行分析，就会发现马云懂得在批评时尽量软化锋芒。第一，马云的批评是对事不对人的，因此有效降低了激化矛盾的概率；第二，马云的批评有时候夹杂着幽默，因此能够活跃氛围；第三，适当体谅和理解对方的观点、立场、决定，从而避免让自己站在他人的对立面上。这三点是马云在批评他人的时候能够确保不得罪人的一个重要方法，人们在日常生活中可以借鉴这些表达方式，避免激化矛盾。

不过软化锋芒并不意味着马云会纵容那些犯错的人，对于一些比较亲近的人，他会非常坚决地强调自己的立场。比如马云曾对一些犯错误的员工说过这样的话："要么全力以赴地干，要么早点儿滚蛋，在任何一个位置混日子，迟早会有人拿你开刀。你要明白，做企业不是做慈善，如果你愿意被慈善，我建议你去要饭。""马屁少一点，我相信再响再爽的马屁也顶不上你出色工作成果功力的十分之一。""少看电视，少玩游戏，少逛街，多看几本跟专业有关的书，多一点运动。"这些话说得都比较直接，而由于大家都对马云比较了解，因此也都能够虚心接受。

在提建议之前，不要忘了先赞美别人

在《赢在中国》这档节目中，马云不仅经常妙语连珠，还经常给参加节目的选手提一些中肯的建议：

"小张，我觉得这样，确实在 29 号到 31 号之间我犹豫了很长时间，你的计划讲得不错，你做事比较稳重，也很理性。我觉得这个计划竞争会非常激烈，然后很难做大，但是能做好、做成。我想给你另外一个建议，创业者往往是一个开拓者，我同意你刚才的想法，MBA 学了很多的知识，但是未必能用得上。所以很多时候创业者因为自己搞不清楚去创业，等你去搞清楚以后就不去创业了。书读得不多没有关系，就怕不在社会上读书。"

"周宇，我觉得特实在，我觉得你做得很好。刚才的案例分析让我刮目相看，你知道自己做什么，流程，你开始讲的时候紧张一些。以后回答问题的时候，我希望你以后学会笑着回答。你的思想不错，但是你一紧张，你一严肃，大家容易吵架。我想给你的建议是，你少开店，开好店，店不在于多，在于精。然后请一些优秀的管理人才帮你管理，请一个好的管理优秀人才，这么算麻烦了。我也不懂财务，我请一个很好的财务来管，让他算得清清楚楚。"

"林立人，你不需要我们选你，对吧？我觉得你是一个很好的市场推广员，你是一个很好的销售。我觉得有一点建议要给你，你那时五十几个人，业务做得不错，越来越好，但是五十几个人走了二十几个人，所以一个优秀的CEO也必须是个优秀的管理者，多注重细节，从细节管理你的团队，你的团队才会有机会发展。

"另外一个建议，我觉得以后的企业越做越大，讲话要越来越实在、越来越细。真正伟大的领袖，我觉得优秀CEO和非常大的领导者做得非常大的时候，他们讲的东西是很细的东西，小企业有大的胸怀，大企业要讲细节的东西，我觉得还要给你一个建议，目标要明确，明白你自己想要什么，明白别人想要什么。这样的话，你就可以单刀直入，所以我问你产品、客户收入简单一点。

"另外一个，我想也许就想到一点，就是说你自己很善良，也很有激情，也很幽默，也会讲很多的故事，但你的团队离开你的时候，你要想到一点，我们需要雷锋，但不能让雷锋穿补丁的衣服上街去，让他们沟通，跟你分享成功是很重要的。"

如果对这些建议进行分析，就会发现一个共同的特点，那就是马云在提建议的时候常常会特意给予对方一些赞美，目的就是在提建议或者意见的时候，不会引起对方的抗拒和反感。赞美会让他人感觉自己受到了尊重，感觉自己的做法或者能力得到了认同，哪怕这种认同是不完全的，是打了折扣的。

马云作为一个优秀的企业家，在那些参加节目的选手面前拥有巨大的优势，依靠着强大的实力、丰富的经验以及无可比拟的商业地位，他完全可以以"教父"或者导师的身份进行说教，甚至毫不留情地给予批评，但是马云知道说并不是最终的目的，最重要的是要让对方虚心接受自己的建议，并且相信自己所说的话。

其实这和马云一贯的作风有关。马云是一个比较包容的人，而且善于拉拢人心，他曾经说过这样一番话："开公司要发扬长处，避开短处。不要总说别人的不是，这样会得罪所有人。因为你没看清楚，不好的东西是有原因的。你该说：'这个很好，我们可以继续发扬光大。'员工自然会听你的。你要先肯定好的，这个叫求大同，存小异。你要问自己能不能适应公司的文化。你不是改变，而是去完善这个文化，靠逐渐地完善来改变，点滴的完善就是最好的管理，这也是柳传志讲的，叫绕大弯。""求同存异"的思想就为他在处理分歧时提供了更灵活、更合理的方法。

在平时的沟通和交流过程中，许多人并不注重这些技巧，当他们觉得有必要否定他人的想法或者有必要提供一些建议的时候，就会直接指出对方的不足，然后列出自己的一些观点。虽然提供建议的人往往是出于一番好意，可是贸然对他人指指点点可能会引起一些误会。比如对方可能会认为提建议的人对自己有什么不满，在故意针对自己；会认为提建议的人可能在倚老卖老；会认为提建议的人只想着干涉他人的自由。

人类与生俱来的自我保护意识会轻易破坏他人的好意，对于那些期待着给他人一些中肯的建议的人，信任危机可能会面临比较严重的沟通障碍，因此，必须想办法借助一些更成熟的沟通技巧来疏通这些障碍，而赞美是非常高效的方式。不过这些赞美并不是漫无目的的，而需要加强针对性，像对方说过的一些非常合理的话，对方做过的一些正确的事情，对方身上体现出来的某种品质，对方的认知水平以及对方的个人形象，这些都值得给予赞美。

比如，在向他人提建议的时候，可以先对对方所说的话，以及所做的事进行分析，找出那些值得赞同的事情，然后告诉对方，"你做得很棒，不过我希望你能变得更好"，接下来提建议的人就可以趁机说出自己的想法。

如果对方的做法明显是不合理的，对方的话也经不起推敲，那么在给予建议的时候，可以选择性地绕过这些不足，然后对说话人的一些其他品质进行评价：

"你的思维是不错的，只可惜现实可能并不像你想的那样。"

"你是一个非常出色的人才，我觉得你在很多领域都会获得成功，但是你可能真的不适合做这件事。"

"在我认识的人当中，你是一个异类，非常吸引人，可是在某些时候你的想法有些超前。"

"我觉得你做事肯定有自己的风格和想法，我非常赞赏这样的人，当然，有时候适当做出一些改变和调整也是有必要的。"

"你做的很多事都非常好，方法也很对，但是在这件事上可能有些操之过急了。"

在找不到具体可称赞的事情时，以上几种都是比较常见的赞美方式，可以有效加强彼此的联系，提升对方的信任感，从而强化话语的说服力和影响力。

说话时以退为进，更容易赢得他人认同

在某次大会上，贾跃亭阐述了自己的"生态经济"，认为"BAT（百度、阿里巴巴和腾讯）垄断了互联网资源"，他还将矛头指向了马云。

马云并没有直接辩驳或者辩解，而是反问道："如果你是BAT，该怎样做？"

贾跃亭回答说："每个时代都有垄断企业，我们不能在它们的延长线上生产，突破封锁线，建立自己的生态。"

马云随即回应："贾跃亭刚才回答得挺好。我是这么看，推翻了三座大山，把地主斗死了，农民不一定富起来。所以，我们内部都这么担心过，微软、IBM、Oracle 抢占了资源，使我们没有了今天。其实微软、IBM 和 Oracle 这样的公司面临的挑战依然非常大，而且比我们想象的还要大。对阿里巴巴也一样。"

在这里，马云并没有表现出极强的攻击性，并没有直接就对贾跃亭的凶猛攻势进行反击，而是巧妙地做出了让步，以请求的姿态咨询对方该如何解决困局，等到贾跃亭提出了自己的想法和建议，马云才针对性地进行分析和

辩解。这样既显得有礼貌，又能够做到对症下药，为自己说出想法做好铺垫，从而顺利掌握主动权。

马云是一个非常自信的人，说话的时候总是保持一种"攻势"，不过这并不意味着他每次说话都会直接占据主动权，在必要的时候他会采取守势，通过以退为进的交流方式，他可以有效地为自己赢得更多的主动权，从而提升说服力。

这种以退为进的表达方式通常包括两种：第一种是观点先顺着别人的意思，让对方先说，然后从中做出针对性的评价和分析，引出自己的观点。第二种是想要达到某种目的，却故意隐藏这种动机。马云和贾跃亭的对话属于第一种，而马云那个带有传奇色彩的"6分钟"属于第二种。

在阿里巴巴成立初期，由于缺乏资金，马云找到了日本软银公司的总裁孙正义。孙正义一直都有网络风向标的称号，作为当时全亚洲最出色的投资人，他钟情于投资网络，并且因此成为雅虎公司最大的股东。阿里巴巴是当时一家籍籍无名的小企业，但是孙正义在雅虎总裁杨致远的推荐下还是选择和马云见面，不过由于他那个时候基本上每天都要应对很多投资项目，要接待许多创业者和企业家，因此当时只愿意给马云6分钟的时间。

对于一般人来说，在这6分钟时间里应该直接问孙正义要投资，可是马云没有这么做，他见到孙正义后直接说的一句话是："我不需要钱，我只想谈谈对阿里巴巴的理解。"这话让孙正义感到疑惑，毕竟自己每天要接见的企业家不是来谈合作就是要求获得投资，根本没有人像马云这样。

接下来，马云运用自己的语言天赋，开始主动介绍阿里巴巴是什么，以及阿里巴巴主要做什么。刚说了6分钟时间，孙正义就直接表态："我也不知道阿里巴巴是什么，但是我如果投资一定要 30% 的股份，你可以继续谈。你要多少钱？"

孙正义的表态无疑是一个好消息，要知道每天几乎都有人拜访孙正义，并希望获得他的资金支持，每年都有七百多家公司向软银提交投资申请，可是只有十分之一的公司会成为幸运儿，阿里巴巴在第一次见面时就获得孙正义的许诺和支持，这非常幸运，但是马云笑着回答说："我昨天刚拿来钱（是指阿里巴巴从高盛公司获得 500 万美元的注资），我不要你的钱，我们可以探讨一下网络的方向。"

孙正义见马云一再强调"不需要钱"，显得非常疑惑，于是就问："你不要钱，你来找我干什么？"

马云直接做出回应："又不是我要找你，是人家让我来见你的。"

其实，马云去见孙正义的目的非常明确，就是获得投资。尽管他已经从高盛那儿获得了 500 万美元的投资，但是这笔投资对于后续的发展来说还是不够，阿里巴巴需要注入更多的资金。不过，马云知道，如果自己直接要求获得投资，这样会让他陷于更加被动的局面，所以马云干脆说自己不是为了投资，而是想要和对方讨论互联网，这样就将申请投资变成了一种合作性质的融资。由于换了一种说法，马云不仅占据了更多的主动权，谈话更有底气，而且产生了更大的说服力。

以退为进是一个比较实用的沟通技巧，说话的人在面对分歧或者潜在分歧的时候，为了确保更加顺利地达到自己的目的，会刻意保持退让的姿态，并通过退让来制造出进取的机会。通常人们可以这样说，"我想听听你的看法""你怎么看待这件事"，或者"你的观点也许是对的，不过……"其中，

"是的……但是……"是一种比较常见的模式。

有人提出了"肥皂水原理"。所谓肥皂水原理，是指理发师给人刮胡子时，并不是直接用锋利的剃须刀刮，而是先在长胡子的地方涂肥皂水，这样做的目的是刮胡子的时候不那么疼。肥皂水原理通常用于人际沟通：直接表达自己的想法或者直接否定他人容易伤害到对方，从而引起对方的不悦和反抗。如果适当选择示弱，或者选择说软话，就可以有效降低对方的防备心和抵触心理。肥皂水原理就是一种以退为进的沟通方式，它可以有效缓解彼此的分歧，降低彼此之间可能存在的摩擦，通过一种更为温和的方式说服对方。

以退为进的方式符合沟通的本质，毕竟沟通往往是开放的，不需要也不应该有太多的约束和限制（除非特殊情况下），这种开放性就使得人们在谈话时可以保持更多的灵活性。说话时可以坚持自己的立场和观点，但是没有必要完全采取攻势，强势地推销自己的观点、灌输自己的理念，有时候找到一个大家都可以接受的方案就行，没有必要事事都要求对方服从自己。就像走路一样，想要从街头走到街尾去，没有必要洒水、清扫、清除所有街道上的车子，只要清理出一条可以经过的道路就行了。过于强势可能会造成单向沟通的局面，而这很容易导致沟通中断。

多提一些共同点，拉近彼此的距离

　　2017年9月份，在联合国妇女大会的全球商业和慈善领袖论坛上，马云在和加拿大总理特鲁多会面时提出了阿里巴巴可以为女性创业提供便利的说法，并认为女性具有的"爱商"将成为未来成功的关键因素之一。这样的观点让特鲁多非常高兴，因为他一直都提倡让更多的女性参与到创业之中去，在当天他就表示："我花了好几年才让内阁成员一半男性一半女性。一旦有女性加入，政府和企业解决问题的能力和反应能力都会不一样。"而且特鲁多还特意强调："比如在提升产品质量方面，女性解决问题的方案往往比男性那些生拉硬拽的方案强多了。"

　　对于特鲁多的谈话，马云也做出了积极的回应："我完全赞同特鲁多总理的观点，这也是阿里巴巴所追求的。阿里巴巴有女性CEO，有女性CPO、女性COO。""当公司有许多女性领导的时候，她们会确保我们的产品是以人为本、用户友善的。在21世纪，我相信我们应该有更多女性领袖。"

　　很显然，特鲁多是一个支持女性、鼓励女性创业的领袖，而马云有关"阿里巴巴赋能和支持女性创业者"的表态则正好迎合了他的想法，而当双方能够找到更多的共同点时，整个交谈就会显得格外轻松、顺畅，这也是马云能够在短时间内引起特鲁多兴趣的一个重要原因。也正是因为如此，在一周之后的多伦多举办的阿里巴巴加拿大中小企业论坛上，特鲁多一大早就赶到了现场参加论坛，而当时美国第一夫人以及英国的哈里斯王子都在多伦多，可是特鲁多却"撇下"他们，忙着赶去见马云。

在现场，马云非常巧妙地将阿里巴巴的愿望"让天底下没有难做的生意"，融入到加拿大市场当中，并且和特鲁多的愿景结合起来，形成了一个更具加拿大特色的商业愿景：如何让加拿大小企业主没有难做的生意。

由于马云抓住了论坛最重要的一个核心内容，找到了与特鲁多以及加拿大中小企业家之间的共同点，因此演说很快就产生了轰动，引起了大家的关注。特鲁多更是在论坛上兴致勃勃地待上六个半小时，牺牲了午饭时间，甚至将内阁会议都搬到了现场来开。

迎合他人的想法，多提一些共同点，这是马云谈话的一个常用手段和技巧。说话是一个传递信息的过程，整个沟通过程包括信息的发送和信息的接收，其中信息的发送者需要对自己的信息进行审核和处理，而接收信息的人同样会在接收的过程中进行选择，他们会选择那些自己感兴趣的信息内容，而舍弃那些无法吸引自己的东西。只有输出信息的人的内容与接收信息的人的内容趋于一致，或者拥有更多的共同点时，双方才能够有效地进行沟通。

许多人都在抱怨别人不肯认真地听自己讲话，都在抱怨他人对自己不够尊重，但有时候问题可能出在说话者本人身上，他们并没有想过对方究竟想要什么，对方感兴趣的信息是什么。正因为如此，他们没有想过要寻找彼此的共同点。

尽管每个人的经历、经验、知识水平、性格特征、生活习惯、认知模式、家庭背景和社会地位都是不同的，但人与人之间或多或少都会有一些相同或者相似的地方，这些相同或者相似的地方就成了人与人之间情感维系的一个重要桥梁。

比如某人想要和新同事聊天，可是不知道怎样说出口，他有多种选择：聊娱乐八卦新闻，聊具体工作，聊一聊美食，聊一聊体育赛事。而根据观察，双方之间的工作并不一样（负责的内容不一样），对方从来不关注娱乐八卦新闻，对于美食也没有什么太大的兴趣，倒是对体育非常感兴趣，所以对这个人来说，想要接近同事并赢得对方的好感，最好就是选择聊体育赛事。这样一来，双方就可以成功地拉近彼此的距离，这对双方后续的沟通有很大的帮助。

两个彼此陌生的中年女性坐在一起的时候，贸然就谈论股票，谈论就业率或者历史、哲学、科学等问题，无疑会让双方陷入僵局，可能双方很快就会发现自己再也无法将这些话题继续下去，如果不想让气氛过于尴尬的话，可以迅速挑起一些彼此都感兴趣的话题，比如聊一聊孩子，聊一聊丈夫的工作，聊一聊彼此的衣着品位，这样双方就可以很快建立起比较稳定的、和谐的关系。

这是一道和数学集合有关的题目：某人拥有 A、B、C、D 四个元素，而另一个人拥有 C、E、F、H、G 等几个元素，那么使两者之间产生联系的就是元素 C，这个 C 就是双方共同拥有的一个点，也是相交的一个部分。从沟通的角度来说，元素 C 是一个最佳的突破点。

不过，寻找共同点并不是一种胡乱猜测，它需要人们对沟通对象在日常生活中的一举一动进行仔细观察，这样才能够有效发现彼此之间的共性，并做出针对性的沟通。比如某人最近对健康格外关心，那么在谈话时可以讲述自己最近正在关注的某个养生话题，或者谈论某种疾病的治疗方案；某人最近从欧洲度假回来，那么可以在谈话时谈论自己对欧洲的印象，或者谈论自己在欧洲的旅游情况；某人最近在看一本畅销书，自己也可以聊一些畅销书的相关内容。相同的兴趣、相同的工作、共同的目标、共同的乐趣、相近的脾气和特质、相似的个人经历，这些都可以作为共同的话题来说。

作为一个 CEO，重要的一点就是口才。同样一件事，有些人讲得热血沸腾，非常有趣；有些人讲得却很没趣，丝毫提不起听众的兴趣。我们公司有大批活儿干得非常好的人，但是一讲全不好了。有些人活儿没怎么干，但是他越讲你越想听，我跟王中军是属于这一类的。演讲，我觉得大家真的要学会讲故事。

——马云

第三章

多讲故事，让信息传达更加高效

故事是最佳的营销手段

许多人都喜欢讲故事，对于那些口才很好的人来说，可能非常善于解释、描述、主持、演讲和写作，他们非常善于将自己所要描述的事情故事化。对他们来说，概念索然无味，事件平淡无奇，人们要做的就是想办法将它们激活，使它们生机勃勃、激动人心，而且尽量引人入胜。他们会使用形象的描述、案例、比喻的手法对相关的概念和内容进行修饰，确保自己的谈话更加令人印象深刻。

善于讲故事的人对于现实有一定的了解，他们懂得如何借助故事来提升信息的穿透力。事实上，大部分人的注意力非常有限，人们无法在短时间内记住更多的东西，考虑到现如今人们每天都要接触庞大的信息量，想要逐条分析信息是不可能的，而以故事的方式来传输信息，可以快速引起听众的注意，也能更好地被记忆。

马云就是一个讲故事的高手。作为一个口才出众的企业家，马云对于各类话题的掌控都非常到位，关键就在于他能够以讲故事的方式说出来。马云曾在浙商大会上讲到企业如何保持创新的问题时，这样说道："我们天天在创新，几乎永远不能重复。今天早上我到了复星集团，郭广昌把我拉去学习了两个小时复星集团发展史，我确实觉得这三五年来复星进步非常大。因为很少有一家中国企业，不管你怎么批评它，不管股价怎么掉，不管员工高兴还是不高兴，还能坚持做自己。复星全球化的眼光，很了不起。十年前我们探讨国进民退，我见了很多国有企业的大老板，他们学习能力非常之强，政治觉悟非常之高，全球化能力也很强，前面十年他们确实非常努力，而我们民营企业家，在这方面是欠缺的。因为改革开放前二十年我们做得太好了，以至于我们慢慢放弃了很多东西，慢慢落后了。"在这里，他讲述了自己在复星公司的所见所感所闻，让人觉得非常真实可信。

讲到一开始人们对于阿里巴巴不信任的问题时，马云举了一个非常典型的例子："我们在宁波招聘员工时，有一位女士，找到当地一个很偏僻、又黑又破的居民区单元房的五楼时，不相信大名鼎鼎的阿里巴巴分公司会在这上面的居民楼里。于是，她跑下楼打电话给她的男朋友，吩咐道：'要是半小时后我没打电话给你的话，你就到这儿来找我。'"

在谈到内部出现官僚主义的问题时，马云义愤填膺地说："我们约了人在楼下应聘，对方坐了四五十分钟，过了一个小时，我们的人迟迟不来见面。我们有一点傲慢，我们把自己看得太高了。记住，我们是一家年轻的公司，我们都是年轻人。有一位政府官员到公司来，他在楼下接待室里面足足坐了50分钟才见到我们一个干部，他为杭州有这么一家公司感到骄傲，但是这家公司如果这么傲慢，这么不重视别人、不尊重别人，这家公司也会出问题的。"

在讲到要保持谦逊低调的作风时，马云这样说道："我有一个朋友，是浙江省散打队教练，他给我讲了一个故事：武当山下面有一个小伙子非常厉害，他把所有的人都打败了。他认为天下无敌，他就跑到北京，找到北京散打集训队教练，说'我要跟你的队员打一场'。教练说'你不要打'。对方越不让他打，他越要打。最后说让他打一下吧，5分钟不到就被打下来了。教练跟他说：'小伙子，你每天练两个小时，把每天练半个小时的人打败了。

我这些队员每天练10个小时，你怎么能跟他们打？而且我们队员还没有真打。'天外有天，人外有人。"

对于各种题材、各种话题，马云都可以轻松驾驭，相关的故事也是信手拈来，他总是能够将这些故事有效地融入到自己所构建的沟通体系当中去。那么马云为什么喜欢讲故事呢？为什么他不像其他演说者那样直接描述自己想要表达的内容？这里就涉及了故事的一些优势，比如故事中的人物形象更加丰满，发生的事件更加真实，描述的内容更加生动有趣。相比于正常的描述，讲故事能够更好地引发他人的兴趣，也更具说服力。

如果进一步分析，就会发现这种说服力在于故事更容易引起大脑的关注。人的大脑可以分为两个部分，即左脑和右脑。左脑常常被称为"文字脑"，能够有效处理文字和数据等抽象信息，具有理解、分析、判断等抽象思维功能，具有理性和逻辑性的特点。而右脑则被称为"图像脑"，主要负责处理声音和图像等具体信息，人们接受到的讯息会被右脑进行图像化处理，而且在短时间内就会处理完毕。右脑是丰富的想象力和创意的来源，可以提供灵感和超高速反应（超高速记忆和计算），它具有感性和直观的特点。相比于左脑偏于理性的特点，右脑侧重于感性。

在说话的时候，如果人们的话比较平淡，而且大多是一些理性思维的描述，那么听众的左脑会发挥自己的优势对这些话进行分析，这样他们就会更加严谨地看待这些事情，而不会轻易被说服。但是如果说话的人将事情以故事的形式说出来，那么就会让听众更容易产生画面感，或者说能够激发出右脑的功能。

右脑是确保故事能够被听众接受的一个重要因素，或者也可以说，是因为故事相比于其他描述的方式更容易刺激听众的右脑，从而帮助倾听者在头脑中形成丰富的画面感。心理学家认为语言具有一定的催眠作用，不论是文字语言、口头语言还是肢体语言，都具有类似的效果。这里所说的是出色的语言，并不是所有人说话都会产生催眠的效果，只有那些口才出众的人才具有类似的能力。很多作家写小说，很容易让读者产生角色的代入感，并引导他们跟随着情节一步步走下去；一些演说家同样具有这样的能力，可以将听众的吸引力紧紧吸附在自己的演说内容上。

心理学家约翰伯顿在他的《催眠语言》中这样写道："所有的沟通交流都是邀请对方进入一个催眠的恍惚状态。"催眠并不是让人睡觉，而是让人进入一种注意力集中的状态。催眠师对于这种催眠的解释是："你所做的任何使你的听众有反应，是因为你在他们的大脑中植入了心理图片，这就是醒着的催眠。"在大脑中植入心理图片可以理解为在大脑中呈现出完整的画面感，或者说是一种身临其境的心理状态。小说家可以利用催眠的文字诱导读者进入故事剧本中，演说家同样会借助自己的声音、肢体和魅力引导听众进入或惊或喜或悲的状态，并且产生共鸣。而讲故事能够更加有效地对倾听者进行催眠，它能够更好地刺激右脑。

从这一方面来说，马云就是一个非常出色的催眠大师，他的语言魅力总是让人轻易着迷，以至于人们常常并不在乎他说了什么，而在乎他是怎么去说这些事情的。

通过故事来打造自己的名片，增强话语的吸引力和说服力

每一个人都会存在一个身份标识，这是个人在社会中的定位，而且人们通常都希望外界能够了解他们在社会中的定位，了解他们的个人形象。与此同时，人们在最初接触他人的时候，同样会形成一个个疑问：这个人是谁？这个人的形象和特质是怎样的？种种疑问会促使人们产生一些想要了解对方的冲动。

不过，有关身份的定位并不仅仅是"我叫什么名字""我做什么工作""我有什么样的优点和能力""我擅长做什么以及喜欢做什么"，还在于告诉别人"我经历了什么""我有什么想法""我属于哪一类人""我的个性是怎样的"等多方面的形象特质。

"我是谁"是一个宽泛的概念，涉及个人各个方面的描述，而对于任何一个人来说，如何在第一时间介绍自己，如何更完整地向他人展示自己，是保持有效沟通的关键，更是说服他人的一个基本前提。利用讲故事的方式来进行自我介绍，是展示自我并吸引他人的一个好方法。相比于一般的沟通，讲故事的方式往往更加高效，一方面故事会提升话题的吸引力，从而确保双方沟通的意向更加强烈；另一方面，故事所包含的内容更加丰富，而且故事通常具有诱导性，可以引导对方进行分析和思考，这样可以强化相关信息的

说服力。

比如许多人都喜欢先做一个自我介绍，告诉别人自己从事什么工作，有什么头衔，曾经做过什么事，这些简单的介绍就像报流水账一样，根本无法引起其他人的关注。就像很多人都了解马云，也或多或少地听过马云的名字，单纯地告诉其他人"我叫马云，我是阿里巴巴的总裁"这些信息根本没有多少效果，因为别人仅仅通过这些单调的信息片段是难以准确理解"马云究竟是什么样的一个人"的，他们没有办法建立起一个更加形象的、立体的认识。

许多人在向别人介绍自己的时候，会给自己戴高帽，会使用各种各样的称呼，会描述自己身上的各种优秀品质，但直接的语言描述往往过于单薄，倾听者并不会立即相信他们，因为谈话可能存在夸张成分，而且描述也不够丰富、立体，仅仅凭借一些线性的描述，是无法凸显出真实的、丰满的人物形象的。

真正的沟通，不是告诉他人这是什么，而是引导他人意识到这是什么。马云是一个非常善于讲故事的人，他经常会选择讲述一些比较有代表性的故事，通过这些故事，听众可以更好地理解相关的信息。这是一种出色的自我营销能力。尽管许多人并未意识到马云在推销自己，可是他所说的那些有关创业的故事，的确让人印象深刻，而这些故事的一个基本核心就是"我是谁"。这个"我是谁"不仅仅是人们所认识的那个名字，不仅仅是人们所认识的那个阿里巴巴创始人的身份，"我是谁"往往包含着一个更加完整、更加真实的人物形象。

比如在聊到创业的时候，马云说了这样一个故事："创业的时候我记得我请了24个朋友到我家里说我准备做一个事情叫互联网。大家听了将近两个小时，没有人听懂我说什么，最后投票表决，23个人反对，只有1个人说'你去试试看'。当然我不管别人怎么想，我们最后决定还是开始创业了。"

在这里，人们不仅可以通过故事了解到当初创业时的基本情况，还能够看到一个"有魄力""有自信""有眼光"且"思想独立"的马云，这是任何一种单纯的介绍都无法给出的信息提示。

马云还提到了另外一件事："在我家里创业的时候，我跟 17 个创始人讲了一点，如果我们这些人能够成功，中国 80% 的年轻人都能够成功，因为没有人给我们一分钱，也没有给我们权力和地位，我们什么资源都没有。我们 18 个人凑了 50 万人民币，我们以为这 50 万人民币大概能够坚持 12 个月。如果能够融到钱，就继续下去。结果我们熬到第 8 个月已经没有钱了，而且没有人看好我们。我记得我跟蔡副主席一起去硅谷融资，我们被三十几个风险投资全部拒绝了，没有人觉得（我们会成功），只有我们自己觉得（会成功）。"

这个故事显示了阿里巴巴成立的困难，而这些困难恰恰折射出马云坚韧不拔的品质和优秀的领导能力。

马云是一个非常善于讲故事的人。作为一个个性鲜明的企业家，马云总是有意无意地在打造属于自己的名片。而在打造个人名片和形象的时候，他的表达方式和宣传策略都非常高明，那就是借助一个个的故事来呈现一个完整的自己。他成为最近几年国际知名度最高的中国企业家之一，一方面离不开他的个人能力以及阿里巴巴的国际化扩张，还有一个方面就是马云的自我介绍起了非常大的作用。

在进行自我介绍的时候，讲故事是一种非常高效的沟通方式，通过故事，人们可以更加形象、立体、真实地展示自我，而倾听者同样可以通过故事中的细节描述，有效挖掘各种信息，并且依照这些信息构筑一个比较真实的人物形象，而不是被动地接受一个强制输出的形象。这正是马云说服他人的一个好方法，这种方法的本质就在于引导他人去挖掘故事中有关个人形象的信息，从而使得相关的信息输出更具说服力。

主动迎合需求，好话离不开利益上的刺激

许多人只愿意谈论自己感兴趣的事情，或者给自己带来利益的事情，却很少顾及别人的想法，很少去设想他人究竟喜欢听什么，究竟对什么感兴趣。这种自私的行为往往会让他们的语言魅力不断下降，甚至遭到其他人的排斥。一段具有吸引力的谈话，不仅要拥有鲜明的风格，要有一个非常有趣的观点，有时候还需要迎合听众的需求。

《美国杂志》的销量非常惊人，这在整个出版界中都不多见，而它成功的关键在于能够迎合观众的兴趣。著名编辑西德达在成为该杂志的总编之前时曾经这样说过："人都是自私的，他们只对自己感兴趣。他们并不十分关心政府是否应该把铁路收归国有，但他们却希望知道如何获得晋升，如何得到更多的薪水，如何保持健康。如果我是这家杂志的总编辑，我将告诉读者如何照顾牙齿，如何洗澡，如何在夏天时保持清凉，如何找到工作，如何对付所雇用的员工，如何购买房子，如何增强记忆力，如何避免语法错误，等等。人们总是对旁人的生平故事感兴趣，所以我将邀请一些大富翁，谈谈他们如何在房地产事业上赚进上百万的美元；还要找一些著名的银行家及各大公司的总裁，谈一谈他们如何由低级阶层奋斗而达到有权有势的高级阶层。"

西德达后来果然成为这家杂志的总编，而且他的策略很成功，他选择了

让有社会经验的人现身说法，而所涉及的话题都是普通百姓最关心的一些生活话题，比如房子、工作和学习。如果对西德达和《美国杂志》的成功进行分析，就能发现关键在于西德达善于描述一个好的故事，这个故事能够迎合听众的需求。

毫无疑问，利益上的刺激是故事中的一个强大因素，利用利益刺激来迎合他人的需求无疑是增强故事说服力和吸引力的一个关键。如果对日常生活进行观察，就会发现，人们倾听的故事中有很大一部分都具备利益元素，商家在出售商品时对产品的故事性介绍，谈判双方讲述的故事，父母在教育子女时的故事，这些都可能存在利益上的诱导，其目的就是确保谈话可以更好地被对方接受。

马云也是一个非常善于讲这类故事的人，为了吸引更多的客户，为了吸引更多消费者的关注，他经常谈到利益问题。通过给予对方一些利益上的刺激，从而满足他们的利益和需求。

2017年，马云去美国拓展市场，当时他和美国总统特朗普进行会面，马云知道阿里巴巴想要在美国站稳脚跟，扩大商业地盘，就要赢得特朗普的认可。而在特朗普上台之后，一直号召要增加美国国内的就业率，他在上台时就做出了承诺：要在十年内创造2500万个新工作岗位，并推动美国经济每年增长4%。这是一个非常困难的任务，因此他一直都在敲打一些跨国企业必须在美国设立工厂，像福特汽车公司、丰田公司都被要求在美国建厂，日本软银的总裁孙正义也承诺在美国投资500亿美金。

马云在见到特朗普后，直接描述了阿里巴巴在中国的发展现状，尤其提到了阿里巴巴给中国提供了大量的就业岗位，所以马云最后承诺要为美国提供100万的就业岗位。无论这个目标是否能够达到，马云至少给特朗普提供了一个利益保障，而这个刺激足以吊起特朗普的胃口。

在随后的底特律中小企业论坛上，马云刻意讲述了关于中国人一年要吃掉 6 亿头猪、70 亿只鸡的故事。这个故事为广大的美国中小企业家指出了一个潜在的巨大市场，所以当马云的话一说出口之后，台下的美国企业家都显得非常兴奋，一下子就对马云和阿里巴巴产生了极大的兴趣。

主动迎合他人的利益需求，是沟通的一个重要方式，说话的人有时候需要将自己当成一个商人，他们所传递的信息就是兜售的商品，因此整个演说过程就是将这些信息推销给听众。在商品交易中，消费者对商品有知情权和选择权，消费者只会购买那些能够满足自己需求的产品。同样，在沟通中，只有那些能够满足需求的信息才会对听众产生说服力。

正因为如此，所以对于说话的人而言，不仅仅在于陈述一件事，而是要千方百计让听众感受到这些演说能够给自己带来价值。商家在介绍一台新型洗衣机的时候，这样说："这台新的洗衣机是我们公司最新的产品，它具有自动烘干功能。"这句话并没有什么明显的毛病，但问题恰恰在于它只是陈述了某一个事实，对于消费者来说，他们并不会立即想到这对于自己意味着什么。如果商家这样说："我们的新式洗衣机具有自动烘干功能，它可以让您免于在阴雨天气为晒不干衣服而发愁。"那么就等于制造了需求，产品的吸引力无疑会增加。

这种价值可以转化成"我能为你带来什么"、"我已经为他人带去了什么"、"你还能找到比这更好的选择吗"，对于一个成功的演说者、一个口才出众的人来说，正确地将价值融入到故事中，是打造高效沟通的一个重要基础。

不过，进行利益刺激还需要把握一个大前提，那就是在谈话之前，主动了解对方（听众）有什么需求，然后再对自己的资料库进行整理，看看自己能不能帮助到对方，能不能切切实实地解决他们所面临的问题。如果是一个出色的语文老师，可以向对方传递这样一个信号："我可以帮助你提升写作水平。"如果是一个律师，可以告诉对方："我可以为你解决所面临的遗嘱纠纷。"如果是一个会计师，可以直接告知对方："你们公司的财务状况需要得到控制，而我具备这样的能力和意向。"只有兼顾他人的需求以及自己的能力，才能够在故事中有效引起他人的兴趣。

宣扬社会价值观，提升话语的引导力

自从创办阿里巴巴以来，马云就一直非常重视文化和价值观的作用，在很多场合，他都会不厌其烦地谈论价值观的问题。比如在 2002 年，马云在宁波会见员工时说了这样一番话："宋朝的梁山好汉 108 将，如果们没有价值观，在梁山上打起来的还真麻烦。他们有一个共同的价值观就是江湖义气，无论发生什么事都是兄弟。这样的价值观让他们团结在一起。108 将的使命就是替天行道。但是他们没有一个共同的目标，导致后来宋江认为我应该投降，李魁认为我们打打杀杀挺好的。还有些认为，衙门不抓我们就很好了，到后来崩溃掉。所以一定要重视目标、使命和价值观。这是阿里巴巴 2001 年做的整风运动。"

不仅仅是在口头上进行宣扬，他在日常的沟通中也同样会融入一些价值观，会在谈话中体现出社会价值观，而这样往往让他的谈话变得更有高度，也更有说服力。

1999 年 5 月，蔡崇信来到杭州找马云。在那之前，台湾的朋友向他推荐了马云："这是一个疯狂的家伙。"蔡崇信阅人无数，他觉得朋友的话有些夸张了，更何况这个朋友还想着将自己的公司卖给马云，因此难免会夸大事实。

蔡崇信为了帮朋友卖掉公司，最终主动去找马云。可是来到杭州之后，他发现马云当时还没有注册自己的公司，只有一个刚上线的网站，这是阿里巴巴的第一个网站。第一次见面，蔡崇信就被马云不凡的谈吐震惊了，马云给他讲述了阿里巴巴的一些发展计划和商业愿景，结果蔡崇信受到了很大的鼓动。

几天之后，蔡崇信和妻子约马云一同泛舟西湖，开始谈论商业愿景。双方并没有谈商业模式、盈利或者其他业务上的东西，马云重点聊到了中国的工厂："我们拥有这些数以百万计的工厂资源。我如何帮助这些内地工厂接触到西方世界呢？它们现在都看不到光明的那一天。"马云的见解和视野让蔡崇信非常钦佩，加上他出色的表达能力，让蔡崇信对阿里巴巴的未来有了很大的好感。

当马云兴致勃勃地谈论阿里巴巴时，蔡崇信突然对马云说："你要成立公司，要融资，我懂财务及法律，可以加入公司帮你做。"马云并没有想到蔡崇信会这么说，他几乎吓了一大跳。他了解蔡崇信的身份和地位，觉得对方可能在开玩笑："你再想一想，我付不起你那么高的薪水，我这里一个月只开500块。"蔡崇信则严肃地说："我已经想好了，我就是想加入创业型的公司，跟一批人一起共事。"在马云还没缓过来的时候，蔡崇信的妻子也对马云说："如果我不同意他加入阿里巴巴，他一辈子都不会原谅我的。"

原来双方在第一次见面后，蔡崇信就和妻子商量要辞职和马云共同创业，但是妻子反对。妻子的反对并不是没有道理，蔡崇信当时在一家瑞典投资公司 Investor AB 工作，年薪是惊人的70

万美元，按照当时的物价，这样的工资可以轻松地在北京二环买到两套 100 平方米的房子，这是阿里巴巴无论如何都无法满足的。

蔡崇信之所以选择加入阿里巴巴，原因就在于马云不仅仅给他描绘了美妙的商业蓝图，更重要的是马云向他展示了一个企业家应有的价值观和担当，这种展示往往会让整个故事变得更有内涵，也让表达者更具魅力。正确的价值观是维持一个正面形象的保障，也是确保故事受到大家欢迎和认可的基础。

马云曾经讲述了他和克林顿的会面："我到纽约参加世界经济论坛，我听世界 500 强 CEO 谈得最多的是使命和价值观。中国企业很少谈使命和价值观，如果你谈他们认为你太虚了，不要跟你谈。今天我们企业缺乏这些，所以我们企业会老不会大。那天早上克林顿夫妇早上请我们吃早餐，克林顿讲到一点，说美国在很多方面是领导者，有时领导者不知道该往哪儿走，没有什么引导他们，他们没有榜样可以效仿。这个时候，是什么让你让作出决定，克林顿说："是使命感"。

这种价值观，马云在其他场合也说过："现在名气最大的企业是 GE，是通用电气，他们 100 年前最早是做电灯泡，他们的使命是让全天下亮起来，这使 GE 成为全球最大的电器公司。另外一家公司是迪斯尼乐园，他们的使命是让全天下的人开心起来。这样的使命使得迪斯尼拍的电影，都是喜剧片。阿里巴巴做这个决定的时候，使命是让天下没有难做的生意，所有的制造出来的软件都是要帮助我们客户生意做得简单。"

相比于"阿里巴巴是做什么的""阿里巴巴做过什么"，马云对于阿里巴巴角色的定位以及价值定位，更能够凸显出他的社会责任感，更能够凸显出阿里巴巴的与众不同。通过在故事中设置价值观，马云无疑将阿里巴巴拔高了一个层次。

许多人并不注重这一点，殊不知价值观是整个故事的内核，正确的价值观是确保故事受到大家欢迎和认可的基础，也是维持一个正面的人物形象、企业形象的保障。而一旦故事中拥有了迎合社会价值观的某种准则，那么故事被认可和接受的概率就会得到提升。所以，人们在讲故事的时候，应该重点想一想以下几个问题：

别人是否对你的故事感兴趣？

当你试图说服一个人时，如何构建自己的故事？

你觉得听众更喜欢什么样的故事？

你认为一个故事中最重要的是什么？

你认为自己的故事有什么特点？最重要的特性在哪里？

你重视故事的内容，还是重视故事的形式？

相比于故事的内容，你更加在乎什么？

你是如何向别人传达自己的理念的？这些理念是否合理？

你平时是否会对他人开一些不那么道德的玩笑？

多想想以上的问题，有助于人们去挖掘和重视价值观的问题，有助于人们理解价值观的重要性。而价值观之所以能起作用，关键在于它们是否合理，是否正确。对于任何一个人来说，在讲故事的时候，需要展示出和社会主流价值观相近的价值，必须把握正确的思想方向和文化内涵，必须展示出更多的正能量，或者致力于打造一种更加积极的社会生活态度，这些是打动人心的一个重要方法。

与他人进行互动，让其参与到故事当中

如果细心观察，就会发现马云在说话时有一个小技巧：在谈话或者发表演说的时候，可以多使用代名词"你"或者"你们"，而不要总是说"他"以及"他们"，这样的方式可以让谈话回归到"你"和"我"交流的状态，而不是"谈话者"与"其他人"交流的状态，这样就拉近了彼此的关系，可以让听众产生一种更强的参与感和融入感。

比如马云会说："发令枪一响，你是没时间看你的对手是怎么跑的。只有明天是我们的竞争对手。"

"互联网是影响人类未来生活 30 年的 3000 米长跑，你必须跑得像兔子一样快，又要像乌龟一样耐跑。"

"在前 100 米的冲刺中，谁都不是对手，是因为跑的 3000 米的长跑。你跑着跑着，跑了四五百米后才能拉开距离的。"

"只有两个情况下你是 CEO，第一你做决定的时候你是 CEO，平时你不是 CEO；第二个在你犯错误的时候，你是 CEO，你说'这是我的错'。而不是说成功的时候是我，失败的时候是你们执行不力，你组成的团队不好。"

"你今年的目标、数据和使命，你们公司的使命是不是很清楚？你们传达室的保安知不知道你的使命是什么？如果他不知道，那一定有问题。你要告诉你们公司每一个人，你们公司的使命。有人会说，我们下面都是一批垃圾，没有一个好的。现在我们公司不讲这些话了。我发现我们改变了很多，我有一个朋友说：'我要是你就好了，你手下都是这么好的人，我手下都是浑蛋。'你的工作是把他变成不是浑蛋，一年之后，你公司里面还是些浑蛋，问题在于你。"

　　在这些话中，马云都使用了"你"这样的称呼，虽然"你"或者"你们"有时候只是一个宽泛的称呼，但是往往可以给听众造成最直接的冲击和影响，倾听者会快速地将话中的内容和自己联系在一起，甚至对号入座。这是一种最直接的让听众参与到故事之中的方式，它带有明显的指向性。

　　想要让他人参与到故事当中去，还有一种常见的方式，就是提升表达技巧，让听众产生情感共鸣。成功的沟通有赖于谈话者（表达者）使其讲演成为听众的一部分，或者说让听众走进谈话的故事内容中，他们可以将观众带入自己所营造的图画中，以便更持久地维持听众的热情，同时帮助他们很快地在故事中找准自己的角色。

　　这种情感共鸣一方面和情节是否紧凑、逻辑是否严密息息相关，另一方面与故事中所呈现的内容有关，当故事内容与人们的经历相似，或者能够唤起人们对某些事的强烈记忆以及联想，就有可能引发共鸣。

　　因此，对于谈话者来说，积极寻找共同的经历或者记忆往往很重要，对于某一特定时代或者拥有某种共同经历的一批人来说，他们的生活轨迹以及生活体验可能存在许多共同点，大家在情感上是具备产生共鸣的机会的，只要借助故事适当触发某一个机关，那么就可以有效引发大家融入到这种体验中去。

在阿里巴巴创业初期，有人建议马云投资网络游戏，但马云拒绝了，他在 2005 年的时候回忆了这个提议，然后说了这样一番话："2002 年如果把所有资金都押在游戏上，过一两年就可以赚钱。但是 2002 年有一件事儿让我猛然惊醒，有一个亲戚跟我说他晚上和太太玩游戏到夜里 3 点钟，我又看见我儿子天天回来跟我讲游戏，如果发现所有孩子都在玩游戏的时候，一个国家会怎么样？所以我说阿里巴巴钱再多也不投游戏。我们有我们的想法，所以至今为止我们没有投入一分钱做游戏，别人做我不管，但是我不会做。"

2008 年，马云提出了"饿死不做游戏"的口号："不做游戏，这跟我价值观有关，阿里巴巴到现在为止没有投入过一分钱在游戏上面。我不希望我儿子玩游戏。如果中国孩子都玩游戏，中国就没有前途可言了。而且我通过分析发现了在全世界时间不值钱的国家里，游戏是最畅销的。你会发现全世界最先进的游戏国家是哪些？美国、韩国、日本，但是这些国家永远不鼓励自己的老百姓玩游戏，它用来出口。因为游戏不能改变中国的现状，所以我说不做游戏，饿死也不做游戏。"

到了 2010 年，马云在阿里巴巴是否要进军游戏产业的问题上仍旧坚持自己的看法："我们坚定地认为游戏不能改变中国，中国本来就是独生子女家庭，孩子们都玩游戏的话，国家将来怎么办？所以游戏我们一分钱也不投。人家投，我们鼓掌，但我们不做，这是我们的一个原则。"

在这三次表明立场的谈话中，马云强调了一件事，那就是孩子会受到游戏的影响，对于任何一个家长来说，孩子的健康成长都能够产生强烈的共鸣，倾听者往往会对马云的话感同身受，并且为马云的决定叫好。

马云在谈到抱怨的时候，分享了自己 20 岁、30 岁时的心路历程："在我们这一代，我 20 岁的时候、30 岁的时候，我也抱怨过，跟大家一样，我父亲为什么没有地位？为什么不是局长？我舅舅为什么不是银行里的？我为什么去应聘了三四十份工作没有一个公司录取我？"许多人听了马云的话也会产生类似的想法。

有关引发共鸣，卡耐基曾经说过这样一段话："并非所有你我有资格谈的题目都一定会激起我们的兴趣。譬如说我是'自己动手'的服务者，我确实有资格谈谈洗盘子。可是不知怎么，我就是对这个题目热衷不起来，而且，事实上，我根本想都不愿去想它。但是我却听过家庭妇女把这个题目说得棒极了。她们心里或者对永远洗不完的盘子有股怒火，或者发现了新方法可以处理这恼人的工作。不管怎样，她们对这个题材来劲极了。因此，她们可以把洗盘子的题目讲得头头是道。"

在这里，卡耐基提到了一点，那就是妇女们对于洗碗更有发言权。由于每天都要做这份让人恼火的工作，所以她们一定有许多故事可说，而且必定说得有声有色，这样就有助于她们更好地影响他人。

高明的讲演者或者表达者总是热切地希望听众能够感觉到他所感觉的东西，能够同意他的观点，去做他希望他们（听众）应该去做的事，分享他的快乐和忧愁。在整个谈话过程中，听众才是中心，而表达的人只是围绕这个中心转动的人，无论他多么有才华、多么自信，他必须明白一点：整个谈话的成功与否并不在于自己，而在于听众的评判，而引起听众兴趣并参与其中的最佳办法就是产生共鸣。只有演说者表达的内容与听众产生更为紧密的关联之后，才能够形成很好的表达效果，才能产生更大的说服力。

通常情况下，一些有着共同生活经历的人，或者同时代的人，在谈到那些具有共同印记的生活时，往往会产生情感上的共鸣，故事会成为他们回忆生活的载体，并积极参与到故事当中来。讲故事的人既是故事的陈述者，也是故事的主角，而对于听众来说，他们既是接收信息的人，同时也可以成为故事中的角色，甚至把自己当成故事的主角。从某种程度上来说，这些记忆就是一种情感需求，讲故事的人会想方设法将故事与过去的记忆连接起来，从而使对方产生回归过去的情感体验。

好的故事，需要有曲折的情节

　　我记得那天是 5 月 2 日，我到桐庐去，有个餐馆，我们去吃个饭，回来以后比较累，然后我就午睡。现在我不敢午睡，因为一午睡就出事儿。那天我午睡突然接到一个电话，我们同事打电话说小宋是非典，瞎扯，我从那儿回来是阳光明媚，蛮好的事情，怎么可能有非典？我说非典都没啦，他说可能不对了，防疫站的人已经来了。啊？我说不可能吧，电话里说真的。我起来跑出去一看，白大褂戴眼镜的都来了，然后查什么原因。这个时候我心里想，坏了，因为我们把小宋派到广州去参加广交会，参加广交会的时候，我们承诺客户，我们一定会参加广交会，尽管当时政府并没有说广州出现什么病，但是我们听说有一个莫名其妙的病出现，上飞机我们口罩什么的准备得非常好——这是我们公司做得最好的准备工作。到了广州，也没有什么，回来以后突然发了高烧，发了高烧十天，我们说让她自己隔离，说一切依然没有，11 天的时候突然发现这么个问题。然后呢，第二天去上班。上班那一天，我们整个华兴楼已经是一片恐怖色彩。小宋那时候是住三楼，我们是在九楼，所以我说那天早上，要求所有三楼的人全都在家里上班,不要出来,把联系地址全部弄好,然后到九楼的时候,我跟他们讲,这个估计不是真的,他们是搞错了,下午就会放回来了。到了下午3点钟还是没有消息,这时候我们就开始做了个应急方案。

············

到了——今天大家听来是轻松的心态听的,当时的心态是非常恐怖,极其恐怖的心态,特别紧张,每个年轻人,他们只有二十三四岁,二十三四岁突然发现周围的人是一个非典病人,而且他就是边上办公室走过两三次,然后办公室边上都是白大褂,整个城市里笼罩的是这个情况的时候,说继续回来上班,我们讲的一句话,把东西撤回家,一个礼拜以内,如果发现解除警报,听我的通知,以我的IP地址发出通知,你们来上班,七八天以后我们再见面。所有的人回家了。为了保证不出问题,我们要求所有的员工在家里上班,不允许让外界、我们的客户知道我们公司关张了。因为那时候我们已经有七百多万家企业,不能出现阿里巴巴碰上非典的情况。然后呢我们还要处理的是股东问题,香港股票全乱套了。然后最可怕是5月13日,我在英国有个演讲,布莱尔首相是第一个讲,我是第二个讲,我已经答应他们要去,结果还得告诉他们说出事了,但不能告诉他们是非典,否则就全乱了套了。对不对?所以告诉这些同事,回家做好客户服务,每个人保证客户没有问题,这时候考查我们公司价值观的第一条,客户第一。所以每个人在6点半开始关机,6点半以后我们把门锁上,大家撤离,几乎办公室里没有人。晚上8点半通知我,我们的那个同志真是非典,第二天早上彻底封掉我们的办公室。所以每个人都回家把门锁上,门上加把大锁。我觉得杭州市为我们做出了很多的工作，送饭都是用篮子吊上来，恐怖心理是有……

以上这段话是马云在讲述非典时期阿里巴巴所遭遇的危机，在这个故事中，马云虽然只是如实描述了大致的情形，语言也很口语化，但是设置了比较曲折的情节，而正是因为情节曲折，才导致整个故事能够引人入胜。

如果说故事是以内容和情感取胜的，那么情节就是推动内容发展和情感变化的关键因子。如果故事情节平淡无奇，一直都采取平铺直叙的方式，毫无波澜，那么整个故事就会显得过于单调和僵硬，人物形象以及内容也会显得单薄而没有层次感，倾听者的情绪也因为没有经历波澜起伏而显得比较沉闷，而这样是难以引发倾听者的兴趣的。

劳伦斯·维森特在其著作《传奇品牌》一书中指出："一个好的情节可以使叙事中发生的每件事情之间都有着很强的逻辑性，前因后果之间的关系非常清晰。从一个精心构建的情节中移去任何一个事情都会使整个故事崩溃。传奇品牌通过赋予品牌经历一个有序的、紧凑的、稳固的故事结构，从而对个性化叙事情节的展开起到了催化作用。"不仅如此，一个好的故事还需要设置一些曲折的情节。对演说者来说，让故事情节的发展保持一个直顺的状态是一种低级的表达方式，为了提升故事的吸引力，他们通常会设置出一些急转弯。

就像人们在描述自己的成长经历或者创业故事时，最好的方式就是在成功之前说自己的失败或者不如意的事情；在描述自己与他人建立关系的过程时，可以在故事中添加一些不和谐的东西，可以重点描述关系在紧张、缓和、对抗、和好中的变动。

美国一家杂志曾经悬奖文字简短、情节曲折的文章，结果一篇题为《猎狮》的文章获得一等奖。这篇文章的全文如下：

伊丽薇娜的弟弟福莱特伴着她的丈夫巴布尔去非洲打猎。不久，她在家里接获弟弟的电报："巴布尔猎狮身死——福莱特。"伊丽薇娜悲不自胜，回电给弟弟："运其尸回家。"三周后从非洲运回一个大包裹，里面是一具狮尸。她又赶发一个电报："狮收到。弟误，请寄巴布尔尸。"很快，又收到非洲回电："无误。巴布尔在狮腹内。"

这篇短文以电报的形式来写，讲述了非洲狩猎、不幸遇难、运狮回家、狮腹藏尸等几个情节，内容写得一波三折，令人回味无穷。如果讲故事的人能够掌握这种演说技巧，那么就可以让整个故事变得活力十足。

一般来说，想要让故事情节变得曲折不平，可以打造矛盾、制造误会、设置悬念，或者做到张弛有度，或者虚实结合，这些方法都能够有效提升故事的趣味性，不过谈话的人自始至终都必须保证逻辑的严密性，必须确保因果关系的一致性，不能随意改变情节，不能随意做出变动，以免破坏整体架构。

我就怕说我好，说我不好没关系，我脸皮厚。如果说我好就糟糕了，说我不好倒没事儿，这两年一直被人家说不好，所以习惯了。我是外练一层皮，内练一口气。我就是脸皮厚，别人怎么骂你，你也要厚着脸皮不理会。

——马云

第四章

想要说服别人，先要让他们感到愉悦

言语诙谐，轻松俘获人心

人们都希望在沟通中打造出一个和谐的氛围，而从人际交往的角度来说，幽默刚好能够制造欢笑、活跃气氛，可以给人带来温暖舒适的感觉。有人曾对幽默做出这样的评价："人类需要一个处理冲突和困惑的方法，还有什么方法比笑来得更好呢？就好像创造力和顿悟一样，幽默让我们不必拿棒子打破别人的头，就能解决问题。而且幽默也是人生而为人的基础部分，它与其他任何一个独特的人类能力，都发展出紧密的关系。"

美国知名幽默杂志《趣味世界》的主编雷格威对幽默做出了很高的评价："原始人见面握手，是表示他们手上不带武器；现代人见面握手，是表示我欢迎你，并尊重你；而用幽默来代替握手，则是有力地表示我喜欢你，我们之间有着可以共享的乐趣，如此，陌生人成为朋友只需 1 分钟。"

美国人赫伯·特鲁则说得更加详细："幽默是一种特性，一种引发喜悦，以愉快的方式娱人的特性；幽默感是一种能力，一种了解并表达幽默的能力；幽默是一种艺术，一种运用幽默感来增进你与他人关系的艺术；幽默是人际关系的润滑剂，它以善意的微笑代替抱怨，避免争吵，使你与他人的关系变得融洽，更有意义；幽默可以帮助你减轻人生的各种压力，摆脱困境；幽默能帮助你战胜烦恼、振奋精神，在沮丧中转败为胜；幽默能帮助你把许多的不可能变成可能；幽默比笑更有深度，其产生的效果远胜于咧嘴一笑。当你把你的幽默作为礼物奉献给他人时，你会得到同等的，甚至更多的回报；幽默能使人更喜欢你、信任你，因为他不必担心被取笑、被忽视。所以人们希望与幽默的人一起工作，乐于为这样的人做事，而且希望与一位有幽默感的人成为终身伴侣。总之，幽默是一切奋发向上者身上必不可少的力量。"

在这里，赫伯·特鲁对幽默的优势和特点进行了分析，其中幽默在沟通方面的优势更加明显。有本书叫《假装这世界好笑直到永远》，该书的作者采访和分析了超过40位职业喜剧演员，包括伍迪·艾伦、露西·鲍尔、鲍勃·霍普、格里森、基顿、格劳乔·马克思等人都接受了作者的面谈。通过对这些喜剧演员的人格特征以及生命经验的模式分析，作者发现他们都具备非常出色的幽默技能，只要一开口就能迷住倾听者。在作者看来，幽默诙谐的语言，会让个人魅力四射。

作为一个口才很出色的企业家，马云自然也深谙这个道理，所以在谈话的时候，他总是能够说出许多诙谐的句子。比如许多人谈到怀才不遇的问题时，常常充满惋惜和抱怨，而马云的看法非常有趣："怀才和怀孕一样，时间久了会让人看出来。"

一般人都会说"男人的胸怀宽大"或者"男人的胸怀是被撑大的"，可是马云却风趣地说："男人的胸怀是被冤枉撑大的。""冤枉"二字既委婉地表达了阿里巴巴被人误解和打压时内心的不满，同时也体现出了乐观、幽默的气质。

许多公司都主张招聘职业经理人，马云却认为职业经理人根本不适合公司，并给出了自己的理由："上山打野猪，一枪打出去，野猪没死，冲了过来。把枪一扔，往山下跑的，是职业经理人。子弹打完了，把枪一扔，从腰上拔出柴刀和野猪拼命的是创业者。"

有一次，马云在香港开会，一位记者问道："现在你们公司资金这么少，如果竞争对手起来，怎么才能保证公司活下去？你对'一山难容二虎'怎么看？"

马云风轻云淡地说："主要看性别，我从来不认为'一山难容二虎'正确，如果山上有一只公老虎和一只母老虎，那样才是和谐的。"

对于外界的质疑，马云没有直接进行回击，而是用诙谐的语言做了一番巧妙的解释，瞬间化解了尴尬，还提升了趣味性和吸引力。不仅仅是在社交场合，在私底下，马云同样是一个快乐有趣的人。

2011年7月初，阿里巴巴的吴菊萍女士为抱住从十楼掉下的小朋友妞妞，结果导致手臂粉碎性骨折，人也被砸昏过去。马云抽空去医院看望吴女士。一进入病房，马云就笑着说："菊萍，你原来读书时物理一定没有学好，妞妞掉到你手上的速度至少是博尔特百米速度的两倍。陈伟物理好，如果是他早跑了。"

马云还特意在病房里找到纸和笔，给吴菊萍计算了自由落体30米后的速度大约是每秒25米。接下来他又说："我刚从呼伦贝尔草原考察回来，那里环境保护得很好，以后要多组织员工去看看。"然后话锋一转，"好的员工夏天去，差的员工冬天去，感受过零下四五十摄氏度后，回来就会努力工作成为好员工了。"吴女士一下子就被逗乐了。

即便是在开会这种严肃的场合，马云也能把话说得有趣、得体。有一次淘宝网总部召开关于马云辞退CEO的会议，在会上，马云对自己的做法进行了解释："要想明白，我们来到这个世界上不是来做事的，是来做人的。年轻人一定会比我们干得好，只是看你愿不愿意把他们找出来，我给马化腾、李彦宏等同学先探探路，除非你们想永远不退休。前几年我和冯仑等人去那个号称空气也是甜的国家不丹时讨论过想办一个民营企业大学，我觉得这个比较有意思，开导年轻人。我不做CEO了，要做一个CKO，'首席开导官'，这样也蛮好。之前我做CEO时对员工说Don't Love me,listen to me. 现在不做

CEO 了，要求相反了：Don't listen to me,please love me."

　　幽默是马云身上另一个非常重要的标签，和其他大企业家一贯严肃、严谨的表情不同的是，马云总是显得随和而有趣。他每次发表演讲之后，往往会成为舆论的焦点。许多人都喜欢听马云演讲，原因就在于马云具有很强的幽默特质，他总会利用诙谐有趣的语言来活跃气氛，形象地表达自己想要描述的东西，这些让他显得非常睿智，且变得更有魅力。

　　许多人都会有这样的疑惑：为什么自己的想法明明和马云不一致，自己一开始明明不赞同马云，可是到最后往往会被他说服？为什么马云无论在哪一种场合下都可以如此泰然自若？为什么一个严肃的、枯燥的话题在马云嘴里就能变得趣味十足？为什么同样一句话，有些人说出来没有什么道理，马云的话听起来却让人信服？

　　就是因为幽默具有一定的迎合性、包容性与共通性，能够机智而巧妙地转化那些不利因素。它可以让单调的事情变得更加有趣，可以让沉重的话题变得更加轻松，可以让拘束的话题变得更加随性，可以让为难的事情变得更加容易。而且幽默会让人变得更加细腻、温和，会让人更容易赢得他人的喜欢。

　　正因为如此，所以人们在沟通的时候，需要学习马云的沟通技巧，看看马云是如何展示自己幽默的功力以及如何施展幽默的沟通手段的。

打破逻辑，以戏谑的方式让人心悦诚服

2016 年 4 月 27 日，有些意大利媒体报道称："阿里巴巴老板马云将先收购 AC 米兰 70% 的股份，随后 1 年内再收购剩下 30% 股份，AC 米兰老板贝卢斯科尼已经对这次收购亮起绿灯。"

这个有鼻子有眼的谣言很快就在国内外发酵，大家都纷纷将目光对准马云，可是第二天，马云亲自通过社交媒体对这一事件做出幽默回应："AC 米兰是在意大利的米兰吗？听说湖人队的泰森去了米兰，是不是 AC 我就不知道了，这下中超的姚明惨了！"

许多人对这句话可能不太清楚，但是如果了解马云话中提到的内容，就可以明白马云所表达的意思了。湖人队是洛杉矶的一支篮球队伍，属于美国男子职业篮球联赛的队伍之一，而泰森是世界著名的前拳击运动员，可以说将泰森和湖人队扯在一起根本就是无稽之谈。同样，意大利有两支出色的足球队伍，一支是国际米兰，一支是 AC 米兰，马云故意混淆两支球队，就是为了表明这一事件的荒唐。最后，他还无厘头地将话题扯到中超联赛（中国足球超级联赛）上，并且还将姚明也扯到中超联赛中，可以说来了一大锅的乱炖，这种乱炖无疑让整个谣言乱上加乱。

对于这一事件，马云一个人就做好了公关工作，简简单单几句话就让谣言不攻自破。他采取的方法就是继续扰乱原本就站不住脚跟的谣言，以戏谑的口吻来嘲讽荒谬的谣言。当然，幽默针对的不是荒谬的人，而是荒谬本身，高度的幽默往往源自高度的严肃，只不过相比于严肃的说辞，以戏谑的口吻更能够引发人们的关注。

又比如，马云曾入股广州恒大足球队，这件事引发了国内外媒体的关注，大家纷纷想要知道马云为何会将注意力转向足球领域，这是否意味着马云要继续扩张自己的商业版图？而很多人开始质疑马云胡乱采取多元化的发展模式，毕竟他对足球几乎一窍不通，因此入股恒大也许是一个头脑发热的错误决定。面对公众的质疑，面对外界的热议，马云对自己的入股行为做出了回应："我之所以买下半支足球队，是因为那支球队的老板把我灌醉了。"

因为被人灌醉而买下半支足球队，这显然不符合逻辑，马云一定有自己的商业考量，也许他应该像其他企业家那样严肃认真地讲述自己的规划——这样做无疑会让他人觉得马云一定是在胡搞乱搞，而以戏谑的方式来做一个比较模糊的解释，不仅趣味十足，还能够打消外界的质疑。

戏谑是一种单方面的表意行为（是指行为人通过意思表示，以设立、变更、消灭民事法律关系为目的的行为。因此表意行为又称法律行为，它是最大量地产生民事法律关系的法律事实），是个人对某一事件以开玩笑的方式进行扭曲，戏谑行为人以不严肃为态度基础，在行为方式上大多以非正规方式做出。戏谑的语言往往是非常规的，甚至是毫无逻辑的，它看起来有些不正经，但是往往能够表明自己对某一事件正经的立场。

许多人在面对一些自己不认同或者不符合事实的事情时，往往会搬出一大堆的道理和说辞进行辩论，或者直接提出批评，以正视听。对于他们来说，严肃、认真地把话说清楚就是一种有效的沟通方式，可有时候越是保持正经的做派，越是保持理性思维和严谨的表达，对方越是容易发生误会和误解。

可以想象一下，如果马云对于收购 AC 米兰的谣言使用这样的说辞："本人从未接触过 AC 米兰，阿里巴巴也从来没有制订类似的收购计划。"那么马云的可信度反而并不那么高，尽管他做了官方表达，但是这些年商场上类似的打脸行为并不在少数，许多企业家都会使用障眼法。像马云这样以戏谑的口吻来描述这一事件，反而能够让人信服。

真正的幽默感应该是"戏谑"性质的，因此它是"谑而不虐"的，能够给人带来发自心底的愉悦。幽默的人绝对不会固执成见，不会一味钻牛角尖，或是强词夺理、厉色疾言。他们在面对不合理的事情时会表现得更加从容，更加潇洒。

通常来说，人们可以对一些不合理的事情进行戏谑，通过这种方式委婉地表达自己的不满，或者隐晦地指出这件事的不妥之处，所以开玩笑的关键点在那些不合理的细节上；人们也可以对一些不存在的，或者违反事实的荒谬事件进行戏谑，戏谑的方式可以是针对荒谬发表一些更为荒谬的看法；对于一些自己不想说的事情，同样可以以戏谑的方式进行遮掩，同时避免对方胡乱猜想；在一些无关痛痒的小事情上，一样可以使用戏谑的方式来活跃气氛。

需要注意的是，幽默是戏谑性与攻击性（严肃性）的巧妙结合，其中以戏谑为主，如果戏谑太过分，就会变成一个没有内容深度的笑话；一旦过于严肃，又会导致趣味不足。因此在戏谑的时候，需要把握一些基本原则，不要单纯地为了戏谑而戏谑，而要将其变成一个有趣但不失内涵的好段子。

拿自己开涮，更容易消除彼此之间的隔阂

人们发现，马云的演讲风格非常有趣，和一些企业家或者成功人士过分注重个人形象不同的是，马云更加幽默、更加豁达，他经常会开自己的玩笑，进行自我调侃，显然没有所谓的"偶像包袱"。

比如很多人对马云的长相非常好奇，甚至投来异样的眼光，就连美国的《福布斯》杂志也拿马云开涮，将他描述成"深凹的颧骨，扭曲的头发，淘气的露齿笑，5 英尺高，100 磅重的顽童模样"。

面对外界的议论，马云从来不回避，更不会因此而生气，在很多时候，他还会进行自黑："如果人没有营养，就像我一样，看着像外星人"，"我又不比人家多一个脑袋，还那么瘦，长得又丑，没办法，但是要经常给自己信心：男人的长相和智慧是成反比的"。

在参加某一期《对话》的节目时，节目主持人在请出马云之前让观众谈论一下对马云的印象，结果很多人都不约而同地谈到了马云的丑，谈到了马云不适合做男朋友。而马云在台后听得一清二楚，当他走上舞台后，笑着说："我刚才在后面听好像马云死了以后，大家在念悼词。"

在其他方面的缺点上，马云同样懂得自娱自乐，将自黑自嘲的精神进行到底。2017 年 10 月 15 日，马云在微博上写上这样一段话："这几天一直

在看网上各种对我在音乐节唱歌的评价，太逗了（表情符号），有些点评真让我'绝望'啊……在大家的'热嘲鼓励'下，第二天我再接再厉，又和一位顶级高手一起为一部电影录了主题曲。我知道自己唱歌节奏'经常性失控'（没有定力的歌手和乐队会被我带飞），但真正的灵魂歌手呼唤的是感觉，嘶不嘶啊？

"今年玩得比较疯，唱京剧，演小品，变魔术，跳迈克尔·杰克逊舞蹈……后面还有一些我自我感觉不错的东西出来，家人朋友们都觉得我'疯癫'了，不过我发现自己内心深处原来一直活着一个'爱玩的文艺青年'，这么多年来，我的灵感创意和快乐源泉都来自这个热爱艺术、喜当票友的'他'……过了50了，也要给他一个机会释放自我，同时也为我下半辈子找个就业方向，就当小丑登台，喜欢我的人开心，我很开心；不喜欢我的人不开心，我更开心（表情符号）。"

马云喜欢唱歌，也经常会在内部晚会和音乐节上开嗓，可是相比于那些专业歌手，他的歌声实在不敢恭维，也遭到了网友的一些负面评价，不过即便这样，他还是非常开心地自嘲，并没有因此而受到任何影响。

在聊到个性的时候，马云同样会进行自嘲。2006年8月9日，2006哈佛AUSCR中美学生领袖峰会在西安外国语大学举行，当时Google公司全球副总裁李开复和马云作为现场嘉宾，当某位观众询问马云对李开复的印象如何时，马云做了一番自嘲："我知道我认识李开复是在两年前的《对话》节目，当时李开复先生正和北大校长对话，我很欣赏李先生的温文尔雅。第二次是在博鳌论坛的冷餐会上。我非常欣赏Google，是一个互联网的传奇。而我的理想是超过Google。但是正如我刚才所说，每一个成功人士都有不一样的成长背景、学术，比如我非常欣赏李先生的严谨治学和温文尔雅，如果以他为标准，我恐怕连100分里面10分都拿不到；但是如果拿我的标准来衡量他的话，恐怕他也就10分了。"

马云自嘲的风格既能吸引观众参与，又能使其放下防备心。大笑着让人感觉良好，听到马云诉说自己的糗事，帮助建立观众与他的联系。这使得他似乎更像是一个真正的、可亲近的身边人，而不是获得巨大成功且高不可攀的亿万富翁。

自嘲和自黑实际上是丑化自我形象的一种方式，从表面上来看，像是对自身形象的抹黑和诋毁，但实际上这并不是一种消极的或者破罐子破摔的消极心理，而是一种积极乐观的生活态度，而且从沟通的角度来说，幽默和自嘲为他打造了良好的个人形象。善于自嘲的人更加自信，他们有勇气和乐观的心态面对自己的缺点；自嘲的人往往比较坦诚，不会刻意掩饰自己的缺点；自嘲是一种化被动为主动的自我防卫方式，个人缺点与其被人发现和议论，倒不如主动戏谑一番；自嘲的人更具娱乐精神，通过自嘲可以有效缓解压力，并且调节氛围。正因为如此，所以懂得利用自嘲来描述自己的人，往往能将自身的缺点转化成为优点，这是提升个人魅力的一种方式。

自黑的人往往会对自己身上的某个缺点，或者自己做错的某件事、某个失误、某次尴尬采取抹黑的方式，这些不足可能是别人指出来的，也可能是自己发现的，但无论如何，他们都会以豁达、乐观的心态来面对它们。

而在进行自黑的时候，并不是简单地将这些缺陷和不足说一遍，而是要加入一些夸张、荒谬的幽默元素，比如，同样是说丑，如果有人直接说"我很丑，没人会喜欢我"，这就是自卑的表现，而马云在承认自己很丑时，偏偏带上了一句"男人的长相和智慧是成反比的"，这样无疑就增加了幽默感。

此外，自黑的人需要保持乐观的心态和调侃的口吻，如果情绪比较消极，那么所谓的自黑可能就真的只是一场释放内心痛苦和尴尬的苦情戏了。

巧用类比，方便对方进行理解

许多人在表达的时候，都会使用类比的方法来增强语言的魅力和吸引力，它是幽默的一种常见形式，是指将两种或两种以上互不相干，甚至是完全相反的、彼此之间没有历史的或约定俗成的联系的事物，放在一起对照比较，显得不伦不类，以揭示内在的落差，并透过这些差异来显示幽默。一般而言，在类比幽默中，对比双方的差距越是明显，对比的时机越是恰当，对比媒介的选择越是合理，就越是能够产生强烈的不协调感和反差。

马云具有丰富的幽默细胞，他非常擅长使用类比手法。比如在谈到人才问题时，马云重点提到了人才与职位匹配，尤其是外来人才是否适用的问题，他做了一个类比：

> "在你的公司还不够强大时却想要聘请高端人才，就好比将波音747的引擎放到拖拉机里。即使引擎放得进去，但要知道拖拉机是永远飞不起来的。我的建议就是寻找适当的人才，然后投资在他们身上，这样，只有他们成长起来时，你的公司才会一同成长发展。"

用"波音 747 的引擎放到拖拉机里"来形容人才的不合理利用，显得非常幽默，而且形象贴切。波音 747 的引擎堪称世界上顶级的飞机引擎，可以说是非常尖端的技术，刚好对应了外来的高端人才；拖拉机是一种构造比较简单，也比较低端的机器，只要简单的柴油机就可以带动，这刚好对应了早期资源缺乏、实力弱小的阿里巴巴。波音 747 的引擎和拖拉机这样的奇怪搭配，非常形象地描述了阿里巴巴没有太多的资源和平台可供外来高端人才施展才能的尴尬处境，从而表明了外来的高端人才不适合阿里巴巴。

在马云的讲话结束之后，拖拉机与喷气发动机的形象很可能会与观众继续保持联系，观众对这个观点的印象会更深刻，而且这也是解释他的意思的好方法。不是每个人都会立即明白，为什么雇用能力过高的人可能是一件坏事——雇用"最好的"候选人不是大多数企业的目标吗？——但任何人都可以立即了解为什么大型喷气发动机不适合拖拉机。

在针对这个话题进行延伸和解读的时候，马云其实完全可以这样直白地说："公司要注重员工能力和职位的匹配，确保每一个人都能够在自己最合适的位置上。"或者他也可以讲述德尼摩定律，英国著名的管理学家德尼摩认为凡事都应有一个可安置的所在，一切都应在它该在的地方。因此整个谈话可以从这个定律铺开：领导者要根据员工的特点、能力、喜好来合理安排任务，管理能力比较强的，可以安排担任部门主管和领导职位，而技术比较强的可以负责产品研发，避免安排不合理带来的人才浪费。

不过，对这种表达方式进行分析，就会发现，相比于类比幽默，直接的描述缺乏趣味性。同样，马云在谈到企业发展的问题时，也做了一个类比，他将美国东西海岸羊群的生存与大小企业生存优势进行类比：

"美国东海岸的羊和西海岸的羊有很大区别，羊种是一模一样的，东海岸的羊群心脏功能很好，体格发达，西海岸的羊心脏很肥大。原因是什么呢？东海岸有狼，羊经常跑；西海岸没有狼，羊寿命不是很长。同样的羊听见狼的时候，瘦的羊就跑掉了。这怕什么？狼过来的时候我自然会跑，我现在身体状况很好，狼过来的时候自然先吃掉你。大型的企业一定会被那些国外企业消灭掉，小企业掉头快，逃跑很快。宁波的企业，温州企业这两年发展快，因为我们小，船小掉头快，形势不对马上就跑。"

许多公司都在走多元化路线，尤其是随着互联网的发展，很多相关业务都被带动起来，像短信业务和游戏业务就是当时比较流行的东西，搜狐、网易以及盛大、巨人等公司就是依靠这些业务获得了巨额的利益。还有一个就是房地产投资和物流，也是比较火爆的行业，吸引了很多优秀公司。当时有很多好的发展机会和投资项目摆在马云以及阿里巴巴面前，如果能够把握住机会，马云也许可以挣到更多的钱。可是在各种投资项目和业务面前，马云一直都不为所动。在他看来，一家成熟的公司，只需要抓住一个好的投资项目，只需要专注在一个行业和一项业务上，就有机会获得成功。同样，无论是谁，都没有必要太过于贪婪，贪婪最终可能会让自己一无所获。在反对多元化方面，马云将 CEO 抓机会类比成人们抓兔子：

"看见 10 只兔子，你到底抓哪一只？有些人一会儿抓这只兔子，一会儿抓那只兔子，最后可能一只也抓不住。CEO 的主要任务不是寻找机会而是对机会说 NO。机会太多，只能抓一个。我只能抓一只兔子，抓多了，什么都会丢掉。"

类似的例子数不胜数，而有关类比手法的应用，可能是马云从多年从事老师这一职业那里获得的，因为类比最初只是一个有奇效的教学手法——类比允许人们采取一些听众已经理解的知识，并通过使用这类知识来帮助他们了解一些新的话题。

真正有口才的人总是希望自己所传达的信息——思想、事件、产品的特征和功能、发明或者一堂课会被人一一铭记。但是许多人会在描述某件事或者某种东西时，不加修饰地说出事情的真相，而类比可以以一种比较隐晦的方式（寻找拓展式的比喻）来进行侧面解读，这比直接说出来更有趣味。尤其是在面对一些比较复杂和枯燥的事物时，寻找一些更加生动形象的比喻形式可以更好地揭露事物原有的本质。对于普通人来说，类比是一个非常实用的表达方法，只要适当添加幽默元素，它就可以让演讲变得更加生动有趣，更加令人难以忘怀。

比如在描述 A 和 B 的关系时，正常的描述是"A 是 B 的什么"，或者是"A 对 B 产生了什么影响"，使用类比幽默之后就变成了"A 和 B 的关系就像 X 和 Y 之间的关系一样"。在这里，人们只要将 X 和 Y 之间的关系以一种幽默的方式形象地展示出来，就可以让有关 A 和 B 之间关系的描述变得生动有趣。

多说一些有趣味的话题

马云是一个非常有幽默感的人，这种幽默感不仅来源于他出色的语言组织能力和应变能力，更在于他丰富的知识储备。由于拥有丰富的人生阅历，所以在他的大脑中，有很多非常有趣的故事和题材，他常常会将这些故事拿出来与他人分享，活跃沟通的气氛。

马云在杭州电子工业学院当英语老师时，还兼职了一份英语夜校班教书的工作。某次他去讲课，结果迟到了几分钟，就在同学们左顾右盼的时候，马云急匆匆地跑进教室，然后气喘吁吁地讲课："今天我们讨论的题目是'迟到'。我最讨厌迟到，迟到就是对别人的不尊重，从某种意义上说，迟到就是谋财害命……"

在这里，马云一本正经地当着同学的面对迟到现象进行了批判，这种置身事外就好像自己没有迟到而在批评其他迟到者一样，这样的故事让人听了忍俊不禁。在谈到一些生活化的故事时，马云同样会说出很多有趣的事情。

马云曾经与人谈到了自己在东京机场候机时遭遇到的一件糗

事，当时他和同事由于无聊就决定下围棋，结果机场里有很多人围上来观看，并且连连摇头。当时马云幽默地说："一个老头过来看了一会儿，摇摇头走开了；过了一会儿，有一个小孩过来看了一眼，也摇摇头走开了。我觉得不能再丢中国人的脸。怎么办？围棋水平一下子提高是不可能的，于是我们改下五子棋！五子棋我可是打遍天下无敌手，要看就让他们看吧。"

　　在讲述创业初期的困难时，马云同样会苦中作乐，对他来说，生活中的乐趣几乎无处不在。比如他曾讲述了这样一个有趣的事情：一天，马云和同事准备带东西去公司，因此商量着打个的士。当路上远远驶来一辆车时，三个人都迫不及待地招手，可是当车子在面前停下来之后，三个人齐刷刷地把头转了过去。原来他们都以为这辆出租车是夏利，没想到开到眼前之后才发现是一辆桑塔纳。按照马云的说法，"桑塔纳的起步价要比夏利贵，当时我们没钱，一分钱都得省"。

　　在"2008中国企业领袖年会"上，马云发表了有关互联网危机的演讲，但是和主题并不相称的是马云的乐观态度，他在演讲的开头，直接以一个故事作为开胃菜：

　　　　"今天中午我在外面吃饭，餐厅老板问我：'你预计危机明年会结束吗？'我说：'明年下半年就可以了。'他说：'明年下半年就可以？'我说：'明年下半年你就适应了。'"

　　由于拥有一个积极乐观的心态，有些时候，马云同样不会吝啬说一些自己的糗事。在2003年接受《财富人生》的访谈中，马云就提到了自己早年遇到的一件尴尬事：

"我们刚好是中国最早做互联网的，1995 年中国还没有连通互联网时，我们已经开始成立一家公司在做了。人家觉得你在讲一个永远不存在的东西。而且我自己学的不是计算机，我对电脑几乎是不懂的，一个不懂电脑的人告诉别人：有着这么一个神秘的网络，那简直是说我疯了，他们也听晕了，对不对？最后他们有些人认为这是个骗子。我记得第一次上中央台是 1995 年，有个编导跟那个记者说，这个人看上去就不像是一个好人！"

　　在很多时候，马云都会带着笑话故事上阵演说，对他来说，这是他快乐的源泉，也是制造快乐的源泉，这些故事成了他展示个人幽默的最佳方式之一。更重要的是，他总会在合适的时间、合适的场合、合适的话题中将它们完美地嵌入。

　　马云对于那些幽默的题材几乎信手拈来，他也非常乐意将个人生活中各种有趣的事情收集起来，作为幽默的题材和佐料。或者也可以说，那些具有幽默细胞的人往往是笑话收集大师，他们非常留意生活中那些有趣的事情，也懂得积累自己经历的那些趣事。这些故事涉及的面很广，包括各个行业的题材、各个国家与民族的题材、不同性别与年龄段的题材，它们大都是一些温和的笑话，或者是一些无伤大雅的出糗事情。

　　这是一种观察能力和分享能力的体现，有的人不善于观察生活，更不善于总结生活，因此不知道自己应该说些什么，也不知道自己究竟有什么可说的；有的人不善于分享快乐的生活和趣味十足的人生，这直接压缩了他们的话题空间。

　　老舍的作品中通常都拥有幽默的元素，也拥有很多幽默的题材，而这种幽默感就来源于他对生活的细致观察。作家冰心曾经这样评价他："我感到他（指老舍）的作品有特殊的魅力。他的传神生动的语言，充分地表现了北京的地方色彩、本地风光，充分地传达了北京劳动人民的悲愤和辛酸、向往与希望……每一个书中的人物都同他或她最合身份，最地道的北京话说出了旧社会给他们打上的烙印或创伤。这一点是在我们这一代的作家中独树一帜的。"

因此，想要说出那些有趣的故事，必须懂得观察和体验生活，要有信息收集的能力，一个人积累的笑话和故事越多，所说的话就越有幽默感。与此同时，人们必须确保自己所说的故事用于正确的价值观，而且不会对他人造成伤害，只有这样的笑话才能真正取悦于人，真正提升说话者的魅力。

演讲，我觉得大家真的要学会讲故事。我们很多人讲故事当中太严谨，其实演讲最重要的是讲十分钟，让人家去想象。演讲有很多，你看刚才讲的，以我们的标准来讲，条理不算清晰，逻辑不算完善，但是越听越有味道，主要是讲的很多东西真实，是自己的语言、自己的感受。我们公司很多人讲得非常好，你讲了自己的感受，别人就愿意听，演讲最忌讳的就是套路，像演出一样演一场。每个词，每个句子就怕说错。

——马云

第五章

不按套路说话，吸引他人的注意

提出新颖的观点，抓住他人的眼球

在 2005 年的上海阿里巴巴网商论坛上，马云做了这样一番独特的发言："第一选择优秀的竞争对手，不要选择地痞流氓，要把这个竞争对手打成流氓，你就赢了。对手开始欺骗客户的时候，他开始夸大其词，开始侮辱对方人格的时候，他已经输了。优秀的对手永远不能个人情绪主义，跟下棋一样，输了再来，而不能打起来。所以你发现对手的时候，以敞开的胸怀、眼光分析他的独特竞争力是什么，核心理念是什么。天下没有对手能够杀得了你，只有你自己杀自己。"

优秀的竞争对手和地痞流氓，这原本是两个风马牛不相及的概念，但马云却提出"选择优秀的竞争对手，不要选择地痞流氓，要把这个竞争对手打成流氓"，这样奇特的观点让人耳目一新，能够快速抓住他人的吸引力，而吸引力是说服力的一个基本前提。

这似乎是马云说话的一个特色：新奇、另类、有内涵。而与众不同的另类观点正好迎合了人们的好奇心，这也是马云的话能够产生巨大影响力的原因。这种另类新颖的观点，在其他人看来可能会很难得，但是对于马云这种有口才的人来说，几乎俯拾皆是，在谈到各类话题时，他往往都会提一些非同一般甚至是违反常规的观点。比如在谈到送员工去学校深造的问题时，一般的老板会建议员工努力学习，将所学的知识全部记住，然后运用到工作当中来，但是马云并没有按照这种思维去思考这些事，在他看来，记住所学的知识只会束缚一个人的发挥：

> "三年以前我送一个同事去读MBA，我跟他说：'如果毕业以后你忘了所学的东西，那你已经毕业了。如果你天天还想着所学的东西，那你就还没有毕业。学习MBA的知识，但要跳出MBA的局限。'"

看过金庸武侠小说《倚天屠龙记》的人都知道，武当掌门人张三丰在演示太极拳和太极剑的时候，就提到了练功的法门：当一个人练到最后将前面所学的招式全部忘记之后，就可以理解这门武功的精髓了。在这里，酷爱金庸文学且醉心于太极运动的马云肯定从中找到了属于自己的管理哲学。马云虽然是一个知名企业家，可是和其他领导者喜欢看成功学或者管理学方面书籍不同的是，他有着很强的文艺理想气息，平时酷爱金庸的小说，思维极度发散却又能收放自如，这就使得他在谈话的时候常常不拘一格，说出很多让人拍手称快的经典句子。

又比如，马云在谈到运气的时候，这样说道：

> "走着走着，运气自然会来。运气很有意思，运气就像种子种在外面。有人相信上帝，有人说可能人的一辈子是注定的，你能挣多少钱，你超过这个钱，你这一辈子挣一百万，你超过两百万，你就要倒霉开始了。你的运气只有五个，当第七个运气到

来时，你就开始倒霉了。如果你运气多的时候，把它分享给别人，种在别人那里，这个运气就像今天种下去的豆子，有一天会长出来，你才有可能多一点。"

这样的观点完全超出了人们对运气的日常认知，让人觉得耳目一新。许多人认为马云在商业领域是一个创造者，他还是一个引领潮流的人，在语言领域，他同样会创造出一些让人难以想到的观点。活跃多变的思维、不拘一格的态度、天马行空的想法，这些都让马云在说话的时候可以自由组合和创造出许多新颖而有趣的观点。这种创造力实际上可以简单地理解为"制造意外"，也就是说，别人通常不会料到这些观点，而这就会使得结果与预期产生偏差，从而制造了吸引力。

在多数时候，人们都在按照常规思维和模式说话，而倾听者同样在按照常规思维和常规模式去猜测和理解这些话，因此一般的谈话都能够迎合人们的思维习惯，有时候一句话说出口，倾听者就会猜到接下来要说些什么，或者对方想要表达的主题是什么。可是一旦表达者主动制造意外，按照非常规的模式来表达非常规的观点，那么就会有效冲击倾听者大脑原来的思维模式。

一般来说，这种意外性的观点主要包含两种情况：第一，这类观点是别人此前未曾提到的；第二，整个观点不太符合常规说法，甚至违反常规。当然，无论是哪一种观点，关键在于选择一个全新的角度和立场来看待某件事，选择一个全新的逻辑来理解某个内容。所以人们想要提出一些新奇另类的观点，就需要选择从更多不同的角度来看待事物的发展，就要懂得以不同的思维来理解相关的内容。比如很多演说大师在发表演讲的时候，常常会从一些非常另类的、奇怪的角度看待问题、分析问题，他们的论点、论据、论证方式、逻辑思维都是非常规的，甚至是反常规的，而这种非常规的操作有时候就是提升说服力的关键。

有人会认为追求新颖不过是在故弄玄虚，那些观点或许根本站不住脚，那些观点或许根本无法完完整整地体现出事物的内在规律，更无法产生实际的价值，可是在表达者看来，只要逻辑清晰，且能够在第一时间就抓住他人的眼球，这本身就是提升话语价值的关键。无论对错与否，那些更有个性的演说者往往都不喜欢跟随潮流，不喜欢跟随大众的想法行事，他们更喜欢追求新意。而在一个被舆论制霸的时代，谁能够说出与众不同的话，谁能够有效抓住他人的眼球，谁就更容易成为舆论的操纵者。

　　然而，这种追求个性化的表现也并不是完全毫无道理的，马云有天马行空的想法和与众不同的观点，但是这并不意味着他就是在刻意求新求变，不意味着他会为了片面追求新颖而说一些毫无逻辑的废话。同样，当人们在展示自己与众不同的立场和看法时，必须做到有理有据，只有拥有出色的论证，才能保证这些观点拥有足够的说服力。

反其道而行，颠覆人们的常识

在提到如何成功创业的时候，恐怕多数人都会这样总结：充足的资金、扎实的技术积累以及有远见的领导者。这些几乎是创业的基本要素，所以多数人在谈到自己该如何获得成功的时候，都会将以上几个主要因素考虑在内，可是马云却破天荒地做了另类的总结：

> "我为什么能活下来？第一是由于我没有钱，第二是我对INTERNET一点不懂，第三是我想的像傻瓜一样。"

从某个方面来说，马云的话是违背正常的经营法则的，一个没钱没技术，且领导不够聪明的企业是难以生存和发展起来的，但是因为这种另类的表述，使得马云的话很容易引起他人关注。

当人们提出了一个与常规思维或者大众思维不相符的概念，往往会产生一种巨大的冲击力。心理学家发现一个新奇有趣的观点有时候会比那些常规的观念更具说服力，这种说服力并不总是建立在理性的基础上，主要是为了引起听众的崇拜心理。按照群体思维来说，一些特立独行的观点可能会遭到一致的批判，但是这种批判并非绝对的，只要新奇的观点与主流观点不存在利益上的冲突，那么就不容易遭到打压。相反，由于人们听多了那些千篇一律的话，听多了那些常规理论，容易产生厌烦感和审美疲劳，所以一旦有新的观点出现，就可能会迅速被俘虏。

有时候，人们需要打破常规。什么是常规？常规就是大众化的普遍性的思维，因此打破常规的首要选择就是破坏人们对于现实的正常理解，破坏人们对于现实生活的认识，以一种不可理解或者与现实不符合的方式来创造一个新的形象、一种新的模式。

在日常生活中，当演说者会提出一些另类的观点时，这些观点与常规的理解完全相反，但往往可以赢得更多的信众，甚至有很多人以此作为演讲的技巧。在一些洗脑式的理论中，截然相反的观点往往可以否定现有的一些规则或者常规认识，并且形成很强大的诱导作用，使得听众可以在千篇一律的信息和千篇一律的人中找到那些与众不同的东西。

比如，现如今成功学几乎成为一门学科，成功学的导师们总是不厌其烦地为听众灌输各种心灵鸡汤，总是想方设法向人们传授各种各样的成功技巧。而马云却反其道而行，他觉得一个人想要获得成功，一个企业想要获得成功，不要千篇一律地掌握成功学知识，不要去学习别人获得成功的经验，而应该看看别人是如何失败的，在他看来，"失败学"比成功学更加重要：

> "今天，大家总是在写关于阿里巴巴的成功故事。但是我并不真的认为我们有多么聪明，我们犯了很多错误。当时我们还是很愚蠢的。所以我在想，如果哪天我要写关于阿里巴巴的书，我会写《阿里巴巴的一千零一个错误》。这才是大家应该记住的事情，应该学习的事情。如果你想知道其他人是怎么成功的，这是非常难的。成功有很多幸运的因素。但是如果你想学习别人是怎么失败的，你就会受益很多。我总喜欢看那些探讨人如何失败的书。

因为，当你仔细去分析的时候，任何失败的公司，它们失败的原
因总是不尽相同。而这才是最重要的。"

一般人都会学习成功学知识，而马云倡导人们学习失败学，这无疑颠覆
了大众的常规认识，无疑破坏了原有的认知法则和学习习惯。

又比如，马云在谈到免费的问题时，突然说出了这样一段话：

"免费是最贵的，与其花这点时间去免费，不如花一点时间
真正去成长。我当时学英文，并没有想到，有一天英文帮了我很
大的忙。做任何事情只要你喜欢，只要你认为对，就可以去做。
我参加很多的论坛，比如我参加财富论坛，参加达沃斯世界经济
论坛，如果你脑子里有一种功利性很强的东西，肯定是很麻烦的。
很多我认为对的事情不一定对你有用，但你思考、分析、消化以
后肯定对你有用。"

大家都知道免费的东西是最便宜的，因为不用花掉人们一分钱，但是马
云一开口就说免费是最贵的，这种巨大的反差一下子就能够吸引倾听者的关
注。

此外，马云还说过这样的话：

"阿里巴巴公司不承诺任何人加入阿里巴巴会升官发财，因
为升官发财、股票这些东西都是你自己努力的结果，但是我会承
诺你在我们公司一定会很倒霉、很冤枉，干得很好，领导还是不
喜欢你。这些东西我都能承诺，但是你经历这些后出去一定满怀
信心，可以自己创业，可以在任何一家公司做好，你会想：'因

为我在阿里巴巴都待过，还怕你这样的公司？’”

创业者或者企业家为了留住人才，通常会给出一些承诺，比如提供升职加薪的机会，或者提供非常精彩的愿景，而马云却偏偏说只能承诺员工一定会"很倒霉、很冤枉"，这种完全相反的表达让人耳目一新。

事实上，反其道而行几乎成为马云思想和思维方式的一个重要特征，有人觉得马云不过是哗众取宠，但从一开始，马云就知道该如何与媒体、大众打交道，懂得积极调动媒体的思维和情绪，他知道媒体需要什么，想要获得什么信息，也知道他们喜欢什么类型的信息。所以在媒体面前，马云总会说出一些惊世骇俗的另类观点，却不会引起外界的反感。这种"唱反调"的行为可以有效吸引人们的关注。

拒绝套路，形成自己的逻辑

在 2004 年的 CCTV 年度经济人物颁奖晚会上，为了促成马云和台下观众的交流，主持人陈伟鸿给马云出了一道难题：要么接受一个年度访问，要么进行一个限时演讲。这也是每一位获奖者都要面临的选择，结果马云在主持人的要求下选择了在两分钟的时间内发表即兴演说：

"感谢 CCTV，也感谢所有的评委、我的客户，还有我的同事，是大家把我的梦想变成一个现实。五年以前，也是这个时候，在长城上跟我的同事们，我们想创办全世界最伟大的中文公司，我们希望全世界，只要是商人，一定要用我们的网络。当时这个想法，很多人认为我是疯子，这五年里，很多人认为我是疯子，不管别人怎么说，从来没有改变过一个中国人想创办全世界最伟大的公司的梦想。1999 年的时候，我们提出要 80 年，在互联网最痛苦的时候，2001 年、2002 年的时候，我们在公司里面讲得最多的字就是'活着'。其他全部的互联网公司都死了，我们只要还跪着，我们就是赢的。我永远相信只要永不放弃，我们还是有机会。最后，我们还是坚信一点，这世界上只要有梦想，只要不断努力，只要不断学习，不管你长得如何，不管是这样，还是那样，男人的长相往往和他的才华成反比。今天很残酷，明天更残酷，后天很美好，但绝大部人死在明天晚上，所以每个人不要放弃今天。谢谢大家！"

　　这段简短的演说词成了马云最灵光乍现的一次演说，也显示出马云深厚的演说功底，如果没有那种自由的、富有创造力的口才，马云很难在短时间内有如此好的演说，也不会爆发出如此多的好句子。

　　此外，只要认真进行分析，就会发现马云的演讲中有多次思维跳跃的情形，在进行致谢之后，马云提到了长城上想到的梦想，然后跳跃到了1999年（提出80年创办世界最伟大的公司的梦想），接下来跳到2001年、2002年（认为活着最重要），马云又从坚持不放弃转到梦想和努力，并且引出了"男人的长相和才华成反比"的观点，最后又告诫人们不要放弃今天。虽然整个演说只有几百个字，可是内容上的跳跃非常频繁，让人耳目一新。这些跳跃有时候看起来似乎违反逻辑，却毫无违和感。

　　这种跳跃的、非逻辑的语言风格和马云的演说方式息息相关，有一件小事可以看出马云身上的这个特点。在最初创办阿里巴巴的时候，马云和孙正义进行了会面，当时的马云并没有直接提钱，而是提出了合作的意愿，当然马云并没有像其他人一样准备好一份厚厚的商业计划书，也没有准备一份完整的演讲稿，当天他只拿了半张演讲稿，稿子上面是一堆凌乱的演讲提示，这是他一贯的作风。

　　事实上，马云很少按套路出牌，他的脑子里时刻都活跃着一大堆稀奇古怪的想法，这些想法常常会在不经意间跳出来。许多人说话或者演讲都有固定的模式，先说什么，后说什么，最后说什么，都有一个基本的流程设计，一些人甚至会准备范文作为演说的基本框架。这种方式的确还会让说话变得更加简单，但是也更加死板。

在马云的谈话中，通常只有观点和立场是固定的，至于如何描述和表达往往没有一个固定模式，有时候连他自己也没有认真想过该如何组织自己的语言，周围环境中的一些因素常常会被他纳入语言中，任何材料都可以信手拈来，任何证据都可以巧妙地据为己用，而且几乎毫不违和。

他具有很强的发散性思维，可以轻松地从一件事跳到另一件事上，可以从一个观点跳到另一个观点上，这种跳跃性确保了马云天马行空的想法和不拘一格的演说风格，而且提升了他临场发挥的能力。有一次，马云讲述一个关于金融危机的话题，由于自己早上见到报纸上有关鸭子被冻住的新闻，于是就在演说中提到了这件事，并且以此作为开头："今天北京的报纸上登了一只大傻鸭，被湖面上的冰给冻住了。因为它没有料到今年的冬天会这么冷，而那些有准备的鸭子提前上了岸，于是就安全了。"接下来，马云以这只鸭子被冻住作为引子，引出了"金融风暴不可怕，怕的是没准备"这样的观点，这样的描述显得非常协调、流畅，毫不牵强。

这种发散的、幽默的思维有时候显得没有章法、没有逻辑，甚至会让人觉得相关的描述有些无厘头，但不可否认的是它总是轻易就能够打动人心，可以说，没有逻辑有时候本身就是一种逻辑。

在日常沟通中，人们已习惯了按照固定的模式去组织语言，按照习惯的方式去表达和传递信息，这些习惯和模式带来了表达的便捷性和清晰度，人们通常可以更加轻松地将事物描述清楚，但是这些模式也带来了一些负面影响，那就是人们容易被束缚在这些固定模式之中，导致所说的话过于僵硬、死板，缺乏活力和弹性，缺乏幽默感和创造力。

因此，人们在沟通的时候可以适当做出调整，要进一步发散思维，要打破原有的逻辑，让自己的思维不受太多规则的束缚，并确保自己的谈话可以展示出更多的维度。那么该如何打造一个独属于自己而不同于常规的思维模式和话语模式呢？

整合资源：将不同的类型和元素整合起来，形成新的演说风格，这种整合可以是对个人经常说话内容和特点进行整合，也可以对不同人的说话风格进行整合，从而形成一种与常规思维不同的模式。

改变体系：每一个人说话都有自己的系统，这套系统不仅仅关乎习惯问题，它还包含了遣词用句、思维方式、架构方式、语气语速、情绪释放等方方面面。说话的人可以突破自己的固化系统，并形成新的体系。

突破局限：每一个人说话时都会有自己的特点，都会存在自己的优势和缺点，如果想要避免被原有的模式束缚住，那么就要懂得寻求新的突破，好的方面可以继续突破，坏的则要进行修正，从而帮助自己形成一种更加受欢迎的风格。

打造个性：个性是每一个人谈话时吸引他人关注的关键要素，如果人们的发言都是千篇一律，那么就会失去吸引力。因此，一旦人们发现自己的谈话风格没有什么特色，或者没有什么突出的特点，那么就要及时做出改变，形成自己的特色。

对于多数人来说，完全可以从以上四个方面入手，对自己的谈话模式进行调整，确保自己不会落入常规逻辑思维的陷阱。

适当制造悬念，才能引人入胜

2003 年，非典暴发，阿里巴巴内部也发现了非典病例，面对这样严重的情况，马云在公司发现疑似病例的当天晚上，就立即给员工写了一封道歉信：

尊敬的阿里亲友：

这几天我的心情很沉重！从上午知道确诊后到现在，我一直想向所有的人表示深深的歉意！如果今天有任何事可以交换我们不幸患病的同事的健康，如果今天我们可以做任何事来确保同事和杭州父老兄弟姐妹的健康，我愿意付出一切！

在这封信的开头，马云给读者和听众巧妙地设置了一个悬念：马云所说的确诊是什么？马云为什么要道歉？究竟发生了什么事？当读者产生诸多疑问时，自然更有兴趣读完这封信，接下来马云才详细地介绍了公司内部有关非典的一些信息。

这封信的开头为马云吸引他人的关注奠定了基础，由于引发了大家的好奇心，所以很多人都会认真倾听和阅读马云的信件，这样一来，他就达到了自己的目的。

　　除了在开头设置悬念之外，马云也非常善于在结尾给人留下悬念。马云曾参加了 2015 夏季达沃斯年会，并在名为"互联网经济：发展与治理"的分论坛中参与了讨论。而在这场关于互联网的论坛结束前，马云做了总结发言，并且抛给了场下听众一个"悬念"——他对着台下的听众说："随着世界从信息时代进入数据时代，女性、年轻人、中小企业的时代到来了。"

　　关于"年轻人和中小企业的时代"的话题，大家都容易理解，毕竟马云一直在强调阿里巴巴应该为中小企业制造商机，并且为年轻人提供创业机会和就业岗位，这是马云和阿里巴巴一贯的使命，但是有关"女性的最佳时代"又该做何解释呢？马云对此并没有做出解释，而是急匆匆地在随行人员的簇拥下离场。

　　当时有许多记者和听众都在请求马云解释一下有关"女性的最佳时代"这句话，但是马云始终保持微笑，并没有做出回应，因此这句话几乎成了当天最大的一个悬念。许多人认为马云的意思在于：女性是网购的主要群体，因此电子商务的发展会吸引大批的女性参与进去，与此同时，越来越多的女性加入网购大军后，又会促进电子商务的发展。不过不久之后，马云参加了联合国总部举行的世界妇女峰会，他还担任了"女性赋权全球企业家领袖会议"的联合主席，在会上，马云强调要让更多的女性参与到创业之中，这或许是对马云所说的话的一个最好解释。

　　在描述一个事物，或者讲述某一个话题时，人们通常更愿意把话说清楚，但是从制造吸引力的角度来说，有时候把话说得不清不楚，或者适当设置一些悬念，反而更能够抓住听众的心。卡耐基在讲《人性的优点——如何停止忧虑开始生活》时，是以这样一段谈话开始的："1871 年春天，一位注定要成为闻名全球的医生的青年威廉·奥斯勒拾到了一本书，读了 21 个字，结果对他的将来造成了深远的影响。"

这个开头为听众制造了很好的悬念，听众会急切地想要知道：威廉·奥斯勒拾到了一本什么样的书，他读的 21 个字究竟是什么，这些字又是如何影响到他的将来的。

《我如何在销售行业中奋起成功》一书的作者法兰克是一个非常善于制造悬念的演说大师，他在演讲的时候经常会巧妙地在开头设置一个悬念，比如，"在我开始成为职业棒球选手后不久，我遭遇到一生中最叫我震惊的一件事……"

出色的演说大师总会适当保留一些信息，并通过这种形式来提升话语的吸引力，听众因为急切地想要知道那些悬念，因此会迫不及待地进行追问。著名的心理学家弗洛伊德有一个著名的冰山理论：一座冰山的 1% 漂浮在海面上，其余99% 则隐藏在海面以下。冰山理论经常被人用于沟通和交流当中，这个理论体现出了信息限制的原则，也就是说人们在表达或者传播信息的时候，往往只透露其中一部分信息，其余的信息则隐藏起来，这样就会造成信息的不对称，并确保掌握交流的主动权。倾听者为了弄清楚那些被隐藏的内容，就会不断地去挖掘和思考，依循着现有的一些信息去深入挖掘。有人说设置悬念就像是给他人提出了问题一样，为了弄清楚答案，倾听者不得不想办法挖掘和分析这些问题。

马云对此也深有体会："一个好的演讲，一个好的思想沟通者，他讲的 15 分钟让你去想 15 个小时，而不是讲两个小时大家就笑两个小时，过去就过去了。在杭师院读书的过程中，有很多讲座给我留下了很深的印象。我希望今天我们两个小时的沟通中，也许中间的一个句子，也许中间的一个故事，让你去反思一些问题。"

悬念是指读者、观众、听众对文艺作品中人物命运的遭遇、未知的情节的发展变化所持的一种急切期待的心情。它通常作为一种重要的艺术表现手法出现在小说、戏曲、影视等作品中，在沟通中设置悬念则体现出了出色的语言能力和高超的表达技巧，它能够有效地使听众产生注意力，并使他们尽可能长时间地保持这种注意力，如果谈话总有一个比较完整的故事，那么设置悬念能够为故事情节的发展提供指示，这样就能确保整个故事紧凑而集中。

借别人的嘴说自己想要说的话

如果对马云的谈话内容进行分析，就会发现他经常会借助第三者的嘴巴将话说出来，这种方式会让马云想要表达的内容以及观点尽可能变得更加客观。试想一下，如果马云直接说"我能做什么""我帮助过什么人""我曾为他人赢得了什么利益""我们具备什么能力和优势"，这样的表达太过于主观，尤其是对那些不了解马云以及阿里巴巴的人来说，马云的话会让人觉得他不过是在吹牛。而借助第三者来说出同样的内容，就会转化成："马云能做什么""马云给我们带来了什么""阿里巴巴拥有什么样的优势"，这样会显得更加真实可信，而且也更有说服力。

马云曾经说过："我们总在问自己一个问题：'为什么我们还要这么辛勤地工作？'有一天，我问我的同事，他告诉我：'Jack，第一，我从来不知道我这辈子还能做这么多事情。第二，我从来不知道我现在做的事情对社会这么有意义。第三，我从来不知道生活是这么艰辛的。'"

在这里，马云并没有直接说出生活的艰辛以及阿里巴巴对于社会的意义和价值，一切都是通过同事的嘴巴表达出来的，而这种表达让马云避免陷入"王婆卖瓜，自卖自夸"的尴尬境地，毕竟如果那三点是马云自己说出来的，恐怕就会让人觉得有些过于矫情了。

为了展示阿里巴巴和淘宝网的价值和作用，为了说服投资者和客户，最好的办法是什么呢？是直接告诉对方，阿里巴巴和淘宝能够为他们带来什么，能够为他们创造多少财富吗？显然不是，作为阿里巴巴的掌门人，马云虽然有义务为自己的公司做宣传，有义务在主观上美化自家的公司，可是马云想了一个更加高明的办法，他非常隐晦地从侧面进行描述，邀请其他参与者来做出评价。

> "16年前，当我走在街上，有人跑过来感谢我，因为阿里巴巴帮他们得到了国外的订单、国外的生意。今天，当我走在街上，有人过来感谢我，说他和妻子在淘宝上开了个小店，以此为生，并且收入不错。这对我来说，意义重大。
>
> "我最得意的事情是我去吃饭，有人过来说：'有人帮你埋单。'我在一个酒店门口坐车，过来一个小伙子给我打开门，说：'谢谢马云，我在这里打工，我老婆开了一个淘宝店，挣的钱比我多。'我吃饱饭，有人过来递雪茄："谢谢你，我在淘宝阿里上赚了不少钱。'"

对于听众来说，马云的表态等于隐晦地表现出阿里巴巴这个平台的优势，表现出阿里巴巴给中小企业带来的帮助，这比直接说"阿里巴巴带动了成百上千的企业致富，帮助成千上万的人找到了致富之路"更有说服力。

在介绍阿里巴巴的功能和价值时，马云常常会巧妙地将客户当成代言人。

"我到沈阳去的时候，我去看了一个客户，他开了两个小时的车到沈阳来见我，他说，当然第一句话他让我很感动，他说：'哎呀，有一栋佛的话，我会把阿里巴巴一栋佛一样供起来。'我很得意，问怎么回事，他说：'我现在这个工厂，是做那个标牌生意，是那种塑料标牌。现在我的订单是从阿里巴巴网上查，采购也是阿里巴巴网，加工我是在沈阳。'我说：'哎呀，这个生意是没法做，温州人一分钱也干了，义乌漫天遍野是这些东西，你怎么可以跟他们竞争，东三省开玩笑。'他说：'哎，话不是这么讲。第一，我的订单从网上来；第二，我在网站上寻找各种各样新的设计师；第三，我一个季度到温州和义乌跑一趟；第四，我用的人全是下岗工人。'"

如果对这段话进行深入分析，同样会发现马云表面上是在说这个客户，但是通过客户的话可以表现出阿里巴巴的作用，包括如何利用阿里巴巴的具体流程。这些原本就是马云要说出来给大家听的话，只不过让沈阳的客户说出来反而更加得体一些。

这是一种比较高明的说话技巧，说话者让他人说出自己内心想要表达的东西，这样做有两个好处：首先，这样做提升了可信度，由于是第三者的表述，客观性比较强，因此也容易被他人接受；其次，这样做降低了风险，因为相对于自己评论自己容易引起他人的质疑和批评，邀请第三者做出客观的描述，可以让自己置身事外。

如果进一步进行延伸，借助他人来发言可以包含多个形式。

第一种是借用第三人所说的话来做一个证明。简单来说，就是说话的人想要表达某个观点的时候却故意保持沉默，然后刻意将别人所说的话搬出来，并透过话里面的意思来暗示他人。

第二种，当说话者面对一些涉及自身利益，或者一些和自己相关的敏感话题时，为了避嫌，会暗示和引导别人来说出自己想说的话。说话的人会一步步向所要表达的内容靠近，但是不会直接切中要点，而是想办法让其他的人一点点领悟话中的意思，然后说出来。

第三种，当说话者处于弱势地位且没有发言权的时候，为了让更多的人接受自己的观点，为了说服更多的人认同自己，这个时候会借助名人效应，即请求一些位高权重的人站出来替自己说话，借助他人的权威一样可以提升话语的说服力。

无论是哪一种方式，本质上都是为了让自己从整个对话中退出，变成旁观者，但并不妨碍让自己的观点成为左右整个谈话的关键要素。

选择一个出人意料的切入点

马云通常会提出一些另类新奇的观点，而这种另类新奇的观点实际上显示出了马云与众不同的沟通方式。除此之外，马云的沟通技巧也同样非同一般，他常常采取一些非常规的方式与人进行交流，会巧妙地选择一个非常新颖的切入点进行分析。

据说马云在创业初期，经常和妻子泡在公司里，以至于儿子疏于管教。在他儿子十来岁时，对网络游戏产生了很大的兴趣，并且很快上瘾，不仅经常不回家，而且学习也荒废了。按照中国父母一贯的教育方式，肯定会对孩子进行一顿打骂，逼迫孩子戒掉网瘾。

一开始，马云也对儿子进行了说教，可是没想到儿子直接回了一句话："你们都不在家，我回来了也是一个人无聊，还不如待在网吧里！"这句话让马云非常内疚，当天晚上，他就劝说妻子离开阿里巴巴，然后一门心思在家带孩子。不仅如此，马云还对儿子展开新一轮的教育，不过马云的教育方式非常新颖，他没有直接采取强制手段，而是给了儿子200元钱，然后告诉儿子，可以拿着这些钱去网吧上网，最好玩上三天三夜再回家，不过回家的时候必须回答一个问题——玩游戏有什么样的好处？

儿子有些发蒙，但还是拿着这笔钱去了网吧消费。三天之后，儿子回到家中，先猛吃了一顿，并且好好睡了一觉，之后才想起来要去马云那儿回答问题。这一次，儿子有些实诚地说："又累又困又饿，身上哪儿都不舒服，钱花光了，但是没想到什么好处。"此时，马云语重心长地说："那你还玩？还玩得舍不得回家？"面对父亲的逼问，儿子最终什么话也说不出来，此后慢慢淡出了网络游戏。

很多人认为马云是一位优秀的教育家，且不论他在教书生涯中是否取得了什么成就，单看他在教育孩子方面，就可以看出马云是一个很有想法也很懂得运用技巧的人。很多父母在教育子女的时候，总是习惯于直接告诉孩子哪样可以做，哪样不能做，总是强制孩子必须养成某种好习惯且必须克服某种坏习惯，这种略显直白的方式往往凸显出父母在子女教育方法上的单调。而马云懂得换一种方式与孩子进行交流，他会选择一个新的切入点进行沟通，尽量避免以强硬的姿态直面冲突。

马云对于这种出色的另类的沟通技巧已经驾轻就熟，在其他方面，他也经常会采取这种沟通方式与人进行交流，比如在谈到是否创业的时候，马云并没有像其他人一样从"你是否适合创业""创业有什么风险"等角度进行分析，而是非常巧妙地提到了一些日常的需求与期待：

"当你决定创业时，便意味着：1. 没有了稳定的收入；2. 没有了请假的权利；3. 没有了得红包的机会。然而更意味着：1. 收入不再受限制；2. 时间运用更有效；3. 手心向下不求人。想法不同，结果便不同；选择不一样，生活才变样。"

很少有人会像马云这样说话，很少有人会像马云一样如此巧妙地表达自己的想法，并且确保对方可以以更加愉悦的心情接受这些内容。比如很多人都对电商有成见，认为电子商务具有很大的争议。面对大家的疑惑，马云并没有直接讲解，而是巧妙地将浙商这个特殊的群体搬出来进行讲解：

"千万不要相信我们很多的小企业家对电子商务的看法，中国商人特精明，谁都不愿意告诉别人自己成功的经验。我小时候读书不好，是因为很多同学都玩，我也玩，天天玩，他们说玩有好处，然后就玩。结果我发现考不过他们，后来到人家家里才发现，他们在家里是认真学习，我还在家里玩。这个例子要告诉大家，我们中国的中小型企业，电子商务做得非常好，但是它们不会告诉你们。我很高兴，刚才我们有一个客户跟我们分享经验，这种企业非常少，我们有的客户在网站卖雨伞，他在网站上卖雨伞，这个雨伞非常好卖。他说：'不要让我做采访，不要让我分享经验，这种事情我不会干的，分享经验是不行的，我这样做，大家都卖雨伞怎么办？'这种形态我非常理解，江浙企业非常有意思，嘴上说网络不一定用，但是付钱比谁都快，它怕别人追上来。"

马云用这段话来评价中国商人显然非常巧妙，如果不仔细品味其中的意思，有人会觉得马云在批评中国商人过于精明，而且比较自私。可是仔细理解这段话的意思，就会发现马云实际上在赞扬商人的精明和敏锐，他们对于新的有趣的东西往往会"口是心非"，以便能够迷惑竞争对手。

在日常生活中，人们更愿意按照常规的沟通模式和顺序进行交流，可是过于直白和平常的言谈往往缺乏吸引力，马云适当转化表达方式，适当选择新的切入点，往往可以更为精确、更有力度地传达相关信息，并且可以更好地凸显出主题思想，凸显出自身的价值观。

他到上海来参加所谓的投资人大会，我是最后一个发言，我上去就讲了一两句话："一年前你为我融资的时候，我讲的是这个梦想，今天我还是这个梦想，唯一的区别是我往前走了两步。"然后我就下来了，孙正义对我的话特感动，所以他说："我支持马云。"

——马云

第六章

把话说简单了，别人才能听懂

长话短说，减轻听众的负担

在 360 公司举办的某次答谢会上，周鸿祎提到了自己的口才问题，并认为自己的好口才主要受到了马云的影响。周鸿祎回忆称，自己在 1998 年开始创业，当时很快就筹集到了 200 万元人民币的融资，当时他豪爽地花费了 10 万元赞助了一场晚宴，目的很简单，主办方同意给他 1 个小时的演讲时间，周鸿祎认为这是他宣传 360 公司的好机会。

为了宣讲公司的理念，周鸿祎提前让公关部准备了一份很长的演讲稿，可是当他在台上演说之后，才发现主办方临时做了调整，并没有给他太多充裕的时间。结果说了没多久之后，主办方就提醒他下台。周鸿祎为了利用这个来之不易的机会，一直不肯下台，即便主持人上台抢话筒，他还选择边跑边说，这一次的演讲非常失败。

而巧合的是，马云当时正好坐在台下，他找到周鸿祎，然后给出了一个忠告：应该用三句话总结自己演讲的内容，这样才容易被人记住。

马云是一个非常擅长演讲的企业家，在演说的过程中，马云非常注重对时间的把握，为了在短时间内输出最大的信息量，也为了减轻听众的接收负担，他通常会选择一些精简的方式来表达。

这种精简主要包含两个方面：一种是内容上的压缩和提炼；另一种是以其他更简单、更形象的定义进行描述。

首先是压缩。这是马云提炼文字能力的一个重要表现，比如在谈到小公司的发展、生存以及战略问题时，不同的人往往有不同的看法，但是多数专业人士都会形成一个体系化的观点，在他们的论述中可能会延伸出小公司的发展现状，会描述现有的商业环境，会深入挖掘小公司的一些特点，会提出各种发展的模式以及方法。接下来，还会提出一个方案，然后围绕着这个方案进行论证。整个谈话会充分考虑到内在的逻辑性，会用各种严谨的条例和内容进行包装。这样一来，整个谈话绝对不会轻松。

可马云没有将问题想得那么复杂，他直接将问题总结为一句话："小公司的战略就是两个词：活下来，挣钱。""活下来"就是生存问题，"挣钱"就是发展问题，这两个问题搞定了，所有的战略自然也就实现了。在马云看来，小公司不要有太多的想法，想办法让自己存活下来然后努力挣钱赢利才是最基本的任务。话虽然非常简单，但是很实用，而且完全指出了小公司的生存本质，因此有人曾戏称普通人需要写成一本书的大道理被马云几个字就给搞定了。

在提到创业艰难的问题时，马云并没有一味地给别人灌心灵鸡汤，也没有针对形势说一大堆空话和套话，而是非常简单地说：

"做人的道理我不敢讲得太多，但我自己这么看，我觉得今天很残酷的，明天更残酷，后天很美好，绝大部分的人都是在明天晚上死掉的，见不到后天的太阳。所以我们这些人如果你希望成功的话，你每天要非常努力，活好今天，你才能度到明天，过了明天，你才能见到后天的太阳。"

"今天很残酷的，明天更残酷，后天很美好，绝大部分的人都是在明天晚上死掉的，见不到后天的太阳。"这句话在其他很多地方都被马云用过，他借助这短短的几十个字，将今天面临的压力、明天面临的困境，以及未来的美好蓝图全部囊括起来，从而将创业的本质完完整整地表达出来，内容精简且一针见血，这些远比那些励志类的文本更加实用。

其次是形象化的表达，比如他在谈论伟大和不伟大的区别时这样说道：

"伟大和不伟大之间的区别是什么？一个伟大的人，对每个人来讲最痛苦的时候，大家都要死的时候，他再往前挺一步，人家倒下去，他还站在那儿。大部分人都说这么富，我这么有钱了，转弯了，只有这个人说我还往前挺一步，往前挺一步的那个人就是伟大的人。"

专业性的内容和词汇往往需要大量专业化的词汇来组织语言，这样会让整段话变得更加复杂，而形象化的语言会让那些复杂的描述变得更加简单，有时候简单几句精彩的话就可以形象生动地将相关事物描述清楚。

人们在谈论某个话题时，为了更好地引出自己的观点，为了确保更多人能够了解自己的想法，他们会进一步对话题进行延伸和包装，而马云却不会这样。他的话之所以更具冲击力和影响力，并不在于他的理论体系多么牢固，不在于他构筑的语言体系多么精密复杂，恰恰相反，一切都源于他的简单化策略。在谈论某个话题或者描述某件事的时候，马云不会将问题变得更复杂，不会对相关内容进行过多的描述。

有时候他的话显得逻辑不严密，意思看上去也不那么连贯，可是简单易懂，符合日常交谈的需要。多数人存在一个误区：将讲话当成写文章，将演讲也当成写文章。写和说是完全不同的，写往往需要更多的内容，在写一个核心思想和观点的时候，需要更多的铺垫和修饰，需要更多的文化底蕴来包装。无论是写得高深有内涵，还是写得优美动人，不仅需要修饰，还要注重句子间的联系和逻辑。而说话的本质就是传递信息，它追求的是简单和直接，能够在更短时间内将信息传达给听众，这才是最重要的，因此，说话的人完全可以做到以简单为主。

　　此外，声音是转瞬即逝的，决定了说话不能太过于烦琐，因为当话越多的时候，包含的信息越多，听众越是没有时间进行记忆、分析和理解，一旦他们没有办法理解对方说了什么，就会丧失耐心和兴趣。

　　有人会觉得一旦说话精简了，意思表达就常常难以到位，但马云就像一个非常高超的工艺大师，抽丝剥茧，巧妙地将最内在的本质呈现在别人面前。《今日美国》曾提出一个重要的观点"一口之量"：任何信息的公布和传播都应该尽量做到简单易懂，都要想办法将信息压缩在更短的话中。一般情况下，广告公司以及公司的秘书通常都非常擅长这一策略，他们会以最少的字句来描述尽可能多的意思，而这恰恰是最重要的。

点到为止，好口才要注意把握分寸

心理学家也认为每个人都有表达的欲望，他们经常会产生"我要说点什么""我应该将自己的想法告诉别人"之类的想法，这是自我展示的一部分，而在这种欲望的驱动下，人们常常会努力追求话语权，会想方设法抢在别人面前说得更多。尽可能输出更多的信息是个人展示自己，也是个人强化交流的一种必要形式，毕竟信息透露越多，信息传输量越大，双方的交流也会越来越透明，越来越顺畅。

不过，并不是话说得越多越好，并不是信息透露得越多越好，有时候透露太多的信息反而会给自己带来不必要的麻烦，尤其是一些比较重要的、私密的、不方便透露的敏感信息，都应该做到克制。此外，点到为止也是深化交流的一种方式，一些只可意会不可言传的内容，可以在欲言又止中得到深入的挖掘，这样反而有助于深化整个谈话。

"（2011 年）这一连串事情，让我想到，我们要重新反思我们的生态系统，我们的内部生态系统和外部生态系统。尤其是我们内部的生态系统没建设好，要想建设外部的生态系统，是不可能的事情。

"另外，确实是身心疲惫。从 2011 年年底到现在为止，身体非常疲惫。还有一些家里的事情，当然，传言说要闹离婚了，都是胡扯。现在我自己觉得，我静下来，公司就会静下来。慢慢去思考，有些问题在慢的时候反而会变得清晰。所谓你乱得越快，外面乱得越快，你静下来，外面自然也静下来。你门前的森林都已经烧了，你是救这些森林，还是干脆在前面挖一道壕沟？烧到这儿之后，没了就没了。所以，我们大部分时间是在设计，5 年以后该干什么？3 年、5 年、8 年，我在思考这些问题的时候多了一点。

"在互相不信任的时代，你解释得越多，就越糊涂。没有人会相信你。因为大家这时候似乎已经在表明：你做企业，你做商人一定就是坏的，对吧？我是坏的，或者我见过的成功的人都是坏的，你说你是好的，你肯定是虚伪，你假。与其花时间去解释，还不如去思考该做些什么。"

这段话是马云在接受采访时所说的，从话中可以看出马云有一些无奈，有一些困惑和失落，但是在谈话中，他并没有具体将自己遇到的事情全部说出来。实际上，2011 年，支付宝因为股权转让问题而遭到了舆论的攻击，马云背负巨大的压力，成为众矢之的。在这种情形下，马云并没有过多地抱怨，也没有表现出太多沮丧的情绪，而是让自己的不满和失落情绪点到为止，没有过多地呈现出来。如果马云在谈话中一味表达自己的不满，一味抱怨，释放负面情绪，那么就会产生一些不良的影响，别人会认为马云在消极对待这件事，而且也很难赢得他人的同情。

在沟通的时候，有时候应该注意适当限制信息输出的量，对于一些没有必要或者不方便说太多的事情，完全可以采取蜻蜓点水式的沟通方式和表达方式，这样既有效指出了问题的核心，同时又可以避免牵涉太深。点到即止的说话方式既可以兼顾到"重要信息"的接收，同时又能避免过多的信息泄露和过于明显的提示可能带来的繁冗感觉。

说话点到为止应该注重"信息限制原则"。所谓信息限制原则，简单来说，就是适当限制信息的输出，第五章提到的"冰山理论"同样可以用来描述点到为止的表达方式。懂得点到为止的人常常只说七分话，然后延伸出三分张力，这种有所保留的表达方式往往让人意犹未尽，同时也可以在表达的时候做到收放自如。

点到为止是一种尺度的精准把握，多一分太多，少一分则太少，只有合理控制好说话的尺度，只有控制好说话的原则，才能够确保自己说得恰到好处。这种尺度的把握在观察力和理解力，通过精准的观察和分析，人们自然可以有效把握好说话的时机和尺度。

不过想要做到点到为止，一开始就要明白对方想要知道什么，或者了解对方期望获得什么样的信息，只有了解对方想要知道什么信息，才能够更好地控制自己的表达。当了解对方的期望后，接下来要明确说话的界限，即什么事情可以说，什么事情应该隐晦表达，什么事情不可以说，明确界限的关键在于保证自己不会说出那些不该说的话，或者不会因为说话太多而造成信息泄露。通常来说，保持理性思维非常重要，只有尽量做到理性控制，人们才能够在说话之前给自己设置一道闸门，确保自己不会太过冲动，最好的办法就是在说话之前思考几秒钟，这样就可以有效减少自己说出那些不该说的话。

还有一点也很重要，那就是注意对句子和词汇进行设计。一般来说，点到为止的人擅长模糊语言的界限，为了确保信息不会泄露太多，为了确保信息不会泄露得太过于明显，有时候适当使用一些有歧义或者模棱两可的语言，这样就能够造成一些迷惑和掩饰，产生似是而非的效果，接收者对于信息会产生模糊解读的可能。对于那些语言控制能力很强的人来说，他们会非常精准地掌握好说话的各个点，会精准掌握好说话的各种方式。

说话要开门见山，避免不必要的废话

有人常常会抱怨："为什么每次我还没说到重点，对方就迫不及待地想要离开？"他们会认为对方不够礼貌，或者对方缺乏耐性，可事实上，说话者有时候更应该及时反省自己，看看自己说话是否真的那么不受欢迎。一般来说，某个人的话不能引起兴趣，可能存在以下几种可能：双方存在矛盾，因此对方故意不予理会；自己的话说得不到位，对方缺乏兴趣；自己的话太过于拖沓，对方失去耐性。

其中，说话拖沓繁冗是引发他人反感的一个大忌，有些人客套话说得太多，铺垫的话太多，或者无关紧要的话太多，结果说了半天也没有切入重点，这样对他人而言往往是一种折磨，对方因为无法在第一时间掌握重要的信息，也就无法了解说话人的真实想法。而人们一般对于接收信息的兴趣是有时限的，一旦倾听者无法在短时间内接收到有效的信息，就会产生排斥心理。

一般来说，在沟通的时候，表达者最好在 10 秒以内就要让对方了解自己要说的核心内容，或者大概要说些什么。尽管并非每个人都是这种情况，可是当你想要向别人传达某个信息时，10 秒就是一个非常重要的时间点。通常情况下，别人对你开口说话后只有 10 秒的兴趣，在这段时间内，如果无法说出吸引人的话，那么整个谈话就会显得拖拖拉拉，而对方也会失去兴趣，至少他们对你所要说的话或者所要讲的故事变得比较迟钝。

比如马云在谈到勤俭节约的问题时，并没有想办法说一些弯弯绕绕的话，而是直接说道：

> "我们要勤俭节约，所以我跟大家讲，我们各个部门、公司，请不要把我们的公司搞成一个高福利公司，我们不是一个高福利公司，我们不想成为高福利公司。很多公司是所谓高福利，今天发这个，明天发那个，特土，一到儿童节发儿童产品，国庆节发国庆产品，（中秋节）发月饼，反正各种各样的东西都发出来。
>
> "这个不是好事情，反而把我们的品位搞坏。这就是我的看法，真正的好公司不玩这些。每个人都要记住，今后每个月、每个季度要有盈利，这个影响到的是公司股票的价格，够你买十套房子。"

同样，马云在首尔大学发表关于"世界上每个人都有机会"的演说时，以这样一段话作为开头：

> "很荣幸来到这里。我从来没想过有机会来首尔大学演讲。
>
> "阿里巴巴为什么发展到现在这种规模？因为我们相信未来。10年前，我告诉人家我坚信互联网就是未来。即使成功的不是我们，也会有其他人成功，所以我们必须努力。直到今天，我仍然相信未来。
>
> "在中国，有淘宝、百度和腾讯，我们已经没有机会了？我想在韩国情况相同，每个人都会觉得，已经有这家公司了，我们该如何生存？10年前，我对比尔·盖茨也有同样想法，因为微软，

我没有机会了；因为 Google，我没有机会了。不是，机遇无处不在。因为互联网，因为云计算，因为大数据，这个世界上每个人都有机会。

　　"机会在哪里？我告诉自己，也告诉年轻人，机会就在有人抱怨的地方。当有人抱怨时，机遇也同时存在。尤其是在中国，每个人都在表达不满。当每个人都在抱怨的时候，机会就出现了。处理不满，解决存在的问题，如果你跟其他人一样抱怨，你也没什么希望了。所以当我听到别人埋怨时，我就会觉得很兴奋，因为我看到了机会，会想我可以为这做些什么。"

　　在这段话当中，可以发现马云从一开始就没有说太多的过渡句，没有使用太多的铺垫，在说完一句礼貌性的句子打招呼之后，就直接切入主题，并提出了自己的观点和看法，因此听众几乎可以在一开始就了解马云在说些什么，在前面 1～2 分钟的时间里就了解马云究竟表达了什么观点和看法，这样就极大地提升了沟通的效率。

　　简化流程是一个重要的沟通法则。无论是商业谈判，还是销售，人们都必须尽量把话说得精简，必须在短时间内说服对方，而这不仅要求对方有出色的语言压缩能力、提炼能力，还必须掌握一些说话的规则和技巧，其中一条就是"开门见山"。所谓开门见山，实际上就是指说话要一针见血，不要拐弯抹角，说上一大堆废话。开门见山的目的就是保证信息可以在第一时间传出去，并被对方顺利接收到。

　　那么怎样做才算是开门见山呢？最简单的方法就是一开始就切入正题，拒绝太多的客套话和铺垫，拒绝太多不相干的废话，说话的人要快速将话题转移到所要谈论的事情上面。切入正题的同时，还需要尽早提出自己的观点，说话的人有什么想法就直接说出来，说话的人想要表达什么内容，或者有什么目的，就可以直接吐露心声。

比如某人要同朋友谈论 A 事件，那么最快捷的方式就是双方一见面寒暄之后，尽量少说一些其他方面的客套话，直接切入主题。接下来，他必须在谈论这一事件时，提出自己的观点和看法——"我对 A 事件有一套 X 理论"——而且最好在第一时间做到这一点，这样就可以尽快压缩交流时间。

开门见山实际上就是一种直接的表达方式，无论是表达者还是接收者都可以在第一时间针对相关信息进行交流，而这种交流会减少可能出现的一些阻碍，会减少信息在交流过程中出现的遗失。在日常交流中，存在信息衰减的现象。所谓信息衰减，指的是信息在传递的过程中通常会不断减少。这是沟通漏斗理论决定的，按照漏斗理论的说法，个人如果想要表达 100% 的信息，那么一般来说，他在和别人进行沟通时只能传递出 80% 的信息，在沟通环境、心理状态、交流方式等影响下，对方可能只接收到了 60% 的信息，在这些接收到的信息中，他们能够听懂和理解的信息可能只达到了 40%，而等到最终依据这些信息执行的时候，也许已经跌到了 20% 的水准上。

通常情况下，交流的话越多，交流时间越长，交流层级越多，那么信息遗失的现象也就越严重。一个人说了十几句话，而其中只有一句是重点，与他直接说一句重点，这两者之间的信息传播效率、接收效率完全是不同的，无关紧要的话说得越多，人们越容易忘掉那些重点，或者越容易忽视那些重点。

条理清晰，确保论证更加有力

许多人认为马云的思维拥有很鲜明的个性，说话的跳跃性很强，因此常常会让人觉得动感十足但逻辑性不强，条理性不强，但是如果对马云的谈话进行分析，就会发现马云不总是使用一些天马行空的句子，在很多时候，他的思路比任何人都要清晰。

前面的文章提到了马云在说服孙正义投资阿里巴巴时，只花了 6 分钟时间。在马云打动孙正义之后，双方在东京商谈具体的融资细节，一见面，孙正义就迫不及待地说："我们怎么谈？"马云当时说了这样一段话：

> "钱不是问题，但你必须同意我的三个条件。第一，希望你亲自做这个项目；第二，你要用自己口袋里的钱投阿里巴巴；第三，公司的运作必须以客户为中心，以阿里巴巴长远发展为中心，不能只顾风险投资的眼前利益。"

在这段话中，马云显示出了强大的逻辑能力，他所说的话条理清晰，论证非常明确，也正因为如此，整段话没有什么赘余，听起来非常清爽干脆。

有人认为马云说话不着边际，甚至有吹牛不打草稿的嫌疑，可实际上，即便真的有吹牛成分，马云也从来不会胡乱组织自己的语言，为了确保信息在最短时间内被对方接受，他总是精心设计好逻辑与顺序。

马云曾经给入职员工提出了一些建议，而在提到这些建议的时候，他不是泛泛而谈，而是很有条理，他提出了五步走的方案：

"一看：来公司先看，少发言，观察一切你感兴趣的人和事。从看和观察中学习了解阿里。当然最好带着欣赏和好奇的态度去看，因为毕竟你是因为欣赏和好奇来这公司的。

"二信：问自己信不信这家公司的人、使命、价值观，信不信它的未来。假如不信，选择离开，离开不适合自己的公司是对自己和别人最负责的态度。信不信公司是否是真的做的和说的一样，是否真的在努力实施公司承诺的。当然也要判断个别和群体。

"三思考：仔细想想自己可以为实现这公司的理想和使命做些什么。思考自己留在这个公司里，团队和工作有我和没有我，有啥区别，我到底该如何做好一个优秀的员工。

"四行动：懂道理的人很多，但能坚持按道理办事的人太少。行动是真正说明思想的。阿里的工作是单调乏味重复的，因为我们应该把新鲜快乐刺激留给客户们。行动也是要有结果的。我们是为努力鼓掌，但为结果付费的公司。

"五分享：经过看、信、思考和行动后，您的观点才真正珍贵，必须和新来的和以前的同事分享，有些发泄性的批判，除了让人不高兴外，其他意义不大。我们期待的是分享性批判。"

以上几点建议绝对不是马云信口雌黄，无论是从句子的内容还是逻辑来说，都非常明确清晰，让人轻易就可以理解他到底要表达一些什么内容。保持条理性是说话的一个重要原则，也是确保谈话简洁的法门。

有些人想到什么就说什么，这样就容易造成说话出现重复现象，容易出现表达复杂化和信息输出散乱而臃肿的情况，一旦个人谈话的逻辑彻底乱了，如果缺乏足够的控制力，那么就容易导致说话越说越偏、越说越乱，从而混淆倾听者的信息接收。

想要确保条理清晰，其实就是增强话语的逻辑性（有人说马云说话缺乏逻辑性，事实并非如此，马云只不过是形成了属于自己的一套非常规的逻辑），而逻辑往往包括三个基本元素：概念、判断、推理。概念是指从性质上给同类事物下一个定义；判断是根据所下定义考核某一个新事物是否属于所定义事物，或者是否符合这个定义；推理则是通过一连串的判断，得出该事物的性质。平时所说的条理性，就是从定义概念，到做出判断，再到推理出结论的过程，整个过程就像一条线。

比如上面那个例子，如果马云想说思考和分享，再说行动、看、信等内容，那么整个顺序就颠倒了，人们也无法在短时间内清晰地说清楚自己要描述的内容。因此可以说，保持最基本的逻辑顺序，保持条理清晰，是确保整个谈话更加简单、更容易被理解的重要基础。

想要确保条理清晰，那么首先要做的就是明确谈话的主题或者主旨，即整个谈话的核心内容是什么，明确了自己要说些什么，然后才能铺开，并且避免出现跑题的现象；其次，对相关话题和事物进行深入理解，弄清楚孰重孰轻、孰大孰小，确保主次轻重，明确一个谈话的顺序，以逻辑为脉络，层层推进，层层延伸；最后，要记得对所有的元素做一个简单的串联，从而强化不同元素之间的逻辑性，这样就可以有效提升整段谈话的论证力度。

需要注意的是，说话条理清晰并不意味着要面面俱到，如果不注意控制，不懂得把握好尺度，面面俱到的谈话方式往往会显得臃肿啰唆，毕竟很多无关紧要的细枝末节有时候没有必要说得太多。

拒绝专业化术语，把话说得通俗明了

有很多人为了让自己的谈话更有内涵、更有深度，或者为了让他人觉得自己更像一个专业人士，常常会在说话的时候使用一些专业性很强的句子，或者使用专业术语，他们更加重视自己的谈话标准，而没有顾及听众的理解能力以及反应。事实上，他们的演说可能非常卖力和用心，但是听众可能并没有为之动容。

这里所说的谈话标准其实就是一种意图，而人们在意图上更容易犯错，他们总是想当然地认为自己了解别人的想法，总会想当然地觉得自己的谈话很棒，会被别人接受，这种自我猜测很容易欺骗自己。

对于那些刻意将事情复杂化的行为，马云向来不赞同，也感到反感，比如在谈到电子商务的时候，他就表达了自己的观点：

"什么是电子商务，这两年电子商务被所说得越来越神奇。人家一说马云是 IT 的业内人士我就慌了，阿里巴巴不是一家 IT企业，阿里巴巴是一家服务公司，我们以网络为手段帮助我们的客户，把客户变成电子商务公司，如果明天发现有一样东西比互联网更好，我们就会用那种方法。我们不要成为高科技公司，那是为了拿优惠政策，跟客户讲的时候你越低越好。你跟客户说你是高科技，客户会崇拜地看着你，不会买你的产品。高科技太远了。我们讲高科技是说给别人听的，你自己都相信了，那就麻烦了。所以我们说我们不是高科技，不是IT企业，我们是商务服务公司，互联网不是什么高深的东西，互联网是一个工具，电子商务就是一个工具。

"这两年做工具的人，把自己的榔头说得天花乱坠，把真正买榔头的人弄糊涂了，所以很多的工厂停下来都去生产榔头了。说我们公司给你一个电子商务的解决方案，电子商务不是解决方案。电子商务只是一个工具，你拿回去之后，拿这个工具，自己解决自己的问题，这才是真正的电子商务。电子商务这个工具，跟传真、电话没什么区别，它只不过是把传真、电话、网络、电脑、电视、报纸、媒体结合在一起的工具。用起来还是不错的。所以我想跟大家讲，我们把电子商务不要看得太神秘。宁波有多少企业在做？很多企业在做，用电子商务做物流、配送等等，说得天花乱坠。"

在这段话中，马云批评了那些故意将电子商务说得玄之又玄、非常神秘的人，在他看来，电子商务不过是一种工具，与电话和传真之类的工具并没有什么本质的区别。而这和马云的表达习惯息息相关，相比于其他人刻意将某些内容和概念学术化、复杂化，马云更加喜欢将复杂的东西简单化，在他的表达中甚至很少出现那些专业性很强的术语。

比如在解释品牌的时候，许多人可能会搬出一大堆的理论："品牌指公司的名称、产品或服务的商标，和其他可以有别于竞争对手的标示、广告等构成公司独特市场形象的无形资产。它是一种识别标志、一种精神象征、一种价值理念，是品质优异的核心体现。"

或者："品牌是指组织及其提供的产品或服务的有形和无形的综合表现，其目的是借以辨认组织产品或服务，并使之同竞争对手的产品或服务区别开来。品牌是一种名称、术语、标记、符号或图案，或是它们的相互组合，用以识别企业提供给某个或某群消费者的产品或服务，并使之与竞争对手的产品或服务相区别。品牌是企业或品牌主体（包括城市、个人等）一切无形资产总和的全息浓缩，它可以以特定的符号来识别；是主体与客体、主体与社会、企业与消费者相互作用的产物。"

这些概念和定义太过于学术化了，让人听了一知半解，而马云是这样说的：

　　　　"什么是品牌和企业？我比别人活得长，你活着，人家死了，
　　　　你就是品牌，就是这么简单。品牌是什么？同时创业的十个人，
　　　　其他人死了，我还活着，这就是品牌。"

马云的这番表达不仅简洁明了、通俗易懂，还别具风味、幽默感十足，让人很快就能了解其中隐藏的意思。

在谈到自己做支付宝的事情时，他并没有借用经济学上的一些借贷知识进行阐述，并没有提到一些经济学的专业词汇，而是用非常通俗俏皮的话进行解释：

　　　　"当时做支付宝的时候，大家说这是一个很傻的担保服务。
　　　　张三要从李四那里买点东西，但是张三不肯把钱汇给李四，李四
　　　　也不肯把货给张三。所以我们就开了一个账户，跟张三说，把钱
　　　　先汇给我，如果你对货物满意，那么我付钱；如果你不满意，你

退货，我退钱给李四。人们说，你的这个模式怎么这么傻啊？但是我们不关心这个模式是不是傻，我们关心的是客户是不是需要这样的服务。"

又比如在描述阿里巴巴这家公司的时候，该如何给它下一个基本定义？有些人可能会提到 B2B 模式，但马云是这样解释的：

> "阿里是一个生态系统，它是帮助中小企业成为电商的公司，它具备诚信、支付、物流、数据等基本要素。它愿意把利益分给众多的合作伙伴，实现共赢。它的这种商业模式也让它成为中国最受爱戴的公司。"

这些解释简单而直接，并没有太多的弯弯绕绕。而人们通常会存在这样一个误区："我们的故事必须更加专业，我们的谈话必须有深度，而这就需要我们更多地提到一些专业性很强的术语。"但是人们忽略了沟通的一个基本准则：沟通的目的是让对方接收和理解相关信息。如果一味追求专业术语，可能会导致整个谈话变得过于正式，过于专业化，这对信息接收者来说是不利的。

通俗易懂是谈话的一个重要准则，除了一些比较正式的会议或者学术性的探讨，日常的交流应该以简单明了为主。语言哲学家保罗·格莱斯自创了一套用于沟通的"合作原理"，在这个原理中，他提到了四条用于指导礼貌和效率沟通的基本准则，其中格莱斯第三准则是方法准则，其核心理念就是在沟通中尽量避免晦涩难懂的描述和出现歧义，简单来说，就是尽量使用一些简单直白的句子，不要使用学术性比较强、专业化比较强的术语，确保信息能够明确而直接地被人接收和理解。

马云正是一个非常有语感的人，无论谈论什么话题，他都可以很好地将相关内容进行转化，在他的谈话中，人们很少听到一些专业性、学术性特别强的内容，即便是需要用到一些比较难以理解的术语，他也会进行解释，将其转化成为更容易理解的词汇，并运用一些比较形象的比喻来描述一些事件，这些语言往往具备很强的感染力。

大哲学家亚里士多德说过："思维如智者，话如常人。"把话说得通透简单是有必要的，这是传递信息的基本原则，而专业术语则刚好违反了这一准则。如果非要使用专业术语不可，那么最佳的方式就是在解释过后提出来。说话的人在讲话之前一定要考虑自己说话的内容或词汇涉及的专业性是否太强，是否能够被自己所面对的这一个层次的听众接受。为了确保讲话内容畅通无阻，就需要扫出那些不容易被理解的信息，避免出现似懂非懂的情况。

真正的语言大师，是那些善于以最简单的语句讲述和解释最复杂问题的人，将一个复杂的东西用最简单的、通俗易懂的方式表达出来，这才是真正考验口才的能力。因此在谈话时，应该将复杂的概念简单化，应该将学术性太强的内容转化成更加通俗易懂的，应该将一些新鲜的不常见的词汇转化成大家能够理解的，这样才能够有效避免出现"听不懂"或者"难以理解"的情况。

我觉得忽悠别人是很容易的，我可以很虚伪地跟别人说："你很勤奋很努力，坚持几年，一定能成功。"实际上，你告诉他的是一条走不通的路。我相信，人这一辈子，很多时候需要有人跟你讲真话，需要有人在关键时刻跟你讲真话。我现在很感谢我大学的英文老师。我是学英文专业的，十多岁就跟老外学英文。在杭州，不管天气怎样，我都会跑到西湖边找老外练习口语。我带他们逛西湖，他们教我口语，坚持了八年左右，所以我的英文发音是很好的，至少比农村的孩子好很多。大学的时候，有一次英文考试，我只考了59分，农村的孩子考了八九十分。我当时很狂妄，去找英文老师说，我的英文发音很准，为什么只给我59分？这不公平。那个老师说："你念一段给我听听。"我就念了一段，他说真的不错。我心里感觉找到了平衡点，没想到他又说，59分，明年要补考。第二年，我去补考，他给了我60分。我问他为什么，他说："因为你不知道自己是谁，你太狂妄了，你的水平只有59分。"

——马云

第七章

真诚的表达，让对方心服口服

真诚的交流，可以赢得他人的信任

英国著名的演说家卡恩·佩尼在早年的时候就被认为是一个出色的演说家，他经常在学校里发表讲话，赢得了很多人的认同，可是父亲却给他泼了一盆冷水，认为他的话听起来很好听，但华而不实，缺乏一些真正打动人心的东西——诚意。卡恩·佩尼听从了父亲的劝说，说话的时候更加注重真诚的表达，尽量去掉那些多余的修饰语言，去掉那些故作高深和高雅的风格。很多人认为他的话虽然听起来普普通通，可是总是能轻易抓住人心。

有一次，他在白金汉宫外进行一场公益性的演讲，他所说的话句句朴实动人，句句深入人心，英国女王在听了演说后，给予了至高的评价，她认为卡恩·佩尼的话是世界上最自然、最真实的声音，英国的BBC也给予了他很高的赞誉，认为卡恩·佩尼的话在当天打动了全世界数十亿人。

"清水出芙蓉，天然去雕饰"，越是真诚的话，往往越是自然，因为只有自然流露出来的话才是真心话，而这些话更具情感共鸣的特质。有时，在一句话中加入各种各样的元素和技巧后，语言反而变得头重脚轻，也影响了内在的感情色彩和基本理念的传达。其实，想要让自己的谈话更加直接动人、深入人心，最重要的就是确保谈话简单直接。"简单"让谈话者的意思更加明显，"直接"则让谈话者的感情变得更加真挚、强烈，这两个特质有助于提升话语的煽动力。此外，它们也是保持自然风格的一个重要基础。太多的修饰痕迹往往会让人觉得这些话过于虚伪和不真实。自然的特性反而更容易引发人心深处的情感共鸣。好的谈话应该注重自然性，或者说，谈话者应该巧妙地运用技巧让整个谈话变得自然，这才是说话的最高艺术。

马云就是一个非常真诚的人，他在与人交流的时候，常常会表现出真诚的一面，在香港发表演说时，说了这样一段话："我讲的不一定是对的，但是我希望我讲的给大家一点思考。我同事已经在我上台前不断提醒我别教训香港年轻人，香港年轻人不要听你的教训。我自己觉得我创业 15 年，有很多的经历，更像一个大哥在创业了十多年经历了很多挫折以后，跟大家分享一些我的看法。"

这种坦诚让马云显得有些可爱，而这种真诚首先体现在他对于自身的精准剖析，他愿意与人分享自己的经历和经验，愿意将自己的心路历程一同分享给年轻人。可以说从一开始，他就抓住了听众的心。

马云还会坦诚地同他人分享一些商业内幕，会坦诚地分析阿里巴巴，比如当有人质疑阿里巴巴缺乏诚信的时候，马云这样做出了回应：

> "有人来跟我说：'马云，我在淘宝上买了个东西，非常非常便宜，你说这是假货吗？'是的，我们淘宝上有假货，假货在现实生活中无处不在。但是我们用了非常多的努力，大量的人力物力来对付这个问题，在淘宝，有 50% 的工作人员每天的工作是筛查侵权、伪冒商品。但是如果有一瓶红酒，在线下的商场里买要 300 美金，而在淘宝上只要 9 美金，为什么会这样？因为渠道、

广告费用。为什么消费者要为这么多其他费用埋单？我们帮消费者省了，所以我们跟消费者说，如果你在淘宝上买一件15块钱的T恤，而它在商场里要卖150块钱，那不是因为淘宝卖得太便宜了，那是因为商场里卖得太贵了。我们应该帮助消费者变得更聪明。"

在这里，马云揭露了实体经济模式的本质，同时非常诚恳地说明了自己为"消除假货"所做的努力，而不是一味掩饰和辩解。

不仅仅是对外比较坦诚，在与内部员工进行交流的时候，马云更是用心说话、坦诚相待，这也是为什么他能够与员工凝聚成一个整体。

2000年3月，阿里巴巴的办公室从湖畔花园马云的家里搬到了华星大厦，不仅如此，团队的内部结构也发生了变化，在早期的18个创业者之间，马云是绝对的领袖与核心，因此大家都愿意众星捧月。可是随着结构的变化，阿里巴巴的18人团队中分出了两个阶层：4个领导者和14个执行者。

阶层的划分使得原先的创业氛围被彻底改变了，大家不再像过去一样亲密地打打闹闹、相互开玩笑，彼此之间的沟通也更少了，误会和不理解开始不断累积。有一次，4个执行者在一家咖啡厅聚餐，大家你一言我一语地开始表达自己的不满，并且越说越生气，最后他们提议写信给马云，诉说自己遭遇到的不公平，诉说自己的委屈。

马云看到信件后，意识到了问题的严重性，他并没有回避问题，更没有采取压制手段，而是将大家召集到一起，然后当面进行交谈。在这次会谈上，马云说了这样一番话："今天大家不用回去了，既然你们有那么多怨恨，很多人有委屈，现在当事人都在，都说出来，一个个骂过来，想哭就哭，所有的都摊在桌面上，不谈完别走。"

马云的话很直接，也很坦诚，并不是领导对下属的训斥口吻，更不是一种命令，而是朋友之间的推心置腹，所以当马云表态之后，大家都很感动，直接将内心的委屈摊开来说。在委屈、痛苦、辩解、争执、劝告中，大家都将彼此之间存在的问题铺开来说，最终所有人都释怀了。

马云说过："我觉得讲真话不丢人，最丢人的是讲假话。"从商人的角度来说，马云是一个非常精明的人，他有着自己的商业计划和经商技巧，有着自己的商业思维，他善于发现和抢夺商机，善于捕捉各种机会。但是在待人接物上，马云是一个非常真诚的人，在沟通交流的过程中，他愿意表现得更加坦诚一些，愿意展示一个真实的自己。

马云曾经对那些不真诚的现象进行了讽刺和调侃："这个情况在很多小企业和小网站太常见了，明明是个四五个人的小地方，非得说这是CEO，这是COO，这是CFO，这是UFO……哦，UFO是飞碟。讲个小故事，当年刘备落魄之时，创业之初，公司只有两个铁杆员工——关羽跟张飞。而他们俩的官衔一个是马弓手，一个是步弓手，连公孙瓒都说：'如此可谓埋没英雄！'此时刘备跟公孙瓒对话时也提及自己不过是'平原县令'，想想如果刘备当时说：'这俩是我兄弟，一起打黄巾的，关羽是骠骑大将军，张飞是兵马都督……'那我估计公孙瓒也不会拉着刘备一起投奔袁本初去了……"

现在有很多人在说话和演讲的时候，过分看重表达的内容和形式，而不注重态度，甚至完全忽略了态度。他们更喜欢戴着面具说话，更喜欢说一些让人感到开心却言不由衷的话，他们拥有华丽的辞藻，拥有浮夸的演技，但是过分的掩饰让所说的话也丧失了说服力。

　　前面我们提到了语言哲学家保罗·格莱斯自创的"合作原理"，格莱斯第四准则就是质的准则，它要求人们在沟通中叙述那些绝对真实的事物，因此真诚的态度非常有必要。真诚是人与人之间沟通的一个基本要素，也是建立人际关系的一个前提，在说话时如果真实感不够，那么对方就可能产生防备心。

讲述亲身经历，提升话语可信度

如果对马云的话进行分析，就会发现在他的谈话中，个人经历是一个被描述最多的材料。比如在谈到个人的选择和坚持时，马云这样说道："我记得1999年来到硅谷寻找资金，跟很多风投、资本家接洽，也去了Menlo Park一带开会。但是没有人有兴趣投资阿里巴巴，我被一一回拒。回到了中国，一点资本都没拿到。但是，我充满了信心。我看到了美国梦。我看到硅谷的快速成长，我看到许多公司的停车场不管是白天或黑夜，周一到周日，都是停满了车。我相信那种快速地成长也会发生在中国。接着我创立阿里巴巴，12年过去了，到今天取得了很多的成绩。"

在讲述学习和借鉴经验时，马云拿出了现实的例子来佐证自己的观点：

"我发现我的很多同事本来都很聪明，把他们送进MBA学习回来后全比较傻了。原因是什么呢？有两件事情。我后来发现MBA案例教学都是教别人张三怎么成功、李四怎么成功、王五又怎么成功，学了太多成功的事情后，你反而不知道，觉得自己飘飘然。第二，MBA把很多东西固定化了，所以我自己回忆在阿里巴巴成立的前三年到五年内，我每发现一个公司怎么失败的，我就会把这个公司失败的案例发给所有同事，让大家知道这些事情要记住，别人犯这样的错误我们也会犯，不要以为你有多聪明，人都是差不多。只有避开那些经常犯的错误，你才有可能。尽管这样，阿里巴巴犯的错误绝不亚于任何一家公司。"

在讲到诚信问题的时候，马云提到了一件小事：

"我自己有一个感触很深的事情，我第一次去美国的时候，看见玻璃房子，然后我说玻璃房子不保险呀，我敲掉玻璃就可以进去拿东西，美国人听了，说：'你怎么会这样想呀？'世界其实并不像大家想象的那样。"

从这个故事中，马云还得出了一个小结论：小企业是很讲信用的。而往往大企业是最不讲信用的。

在提到计划和执行的问题时，马云说：

"我真的没有写过商业计划，就一次在硅谷，回国去，就写了一个商业计划，被一个风险投资说：'NO，你得给我写份正式的。'从那开始没有写过，因为1995年、1996年、1997年，让你写互联网的商业计划，要么你在欺骗投资者，要么你在欺骗自己，你根本不知道会发生什么事情，有些风险投资让你写很详细的商业计划，怎么可能？我自己都不知道，找斯坦福的MBA可以写这么漂亮的（计划）管用吗？"

在描述一些具体的事件或者话题时，马云更多时候都在谈论自己的经历，都在以个人的亲身经历与体验作为例子，而这是一个非常有效的沟通方式。"亲身经历"是交谈中的一个重要元素，对于那些致力于打造强大说服力的人来说，有时候会借助名人效应，但讲述个人的故事会显得更加真实可信。马云也曾引用过其他企业家的名言，也曾谈论过其他企业家，可是在多数时候，他更喜欢谈论自己，在他的演讲中，人们很难听到长篇累牍的有关比尔·盖茨、巴菲特、扎克·伯格或者贝索斯的成功经历，他更习惯于说自己。

人们有时候可以举一个和自己无关的例子作为论证的论据，这个论证有时候会显得过于单调，毕竟说别人的事情更像讲述一件事，或者阐述一个道理，而在讲述个人经历的时候，人们会投入更多的感情元素，会更加积极，这些积极因素会推动和诱导倾听者的情绪。谈论个人经历不仅会表现出更多的情感和个性化的特征，而且表达者还更容易出现肢体语言。心理学家发现，人们在谈论自己的事情时会更容易投入进去，这种投入会让个人的感情以及肢体语言更加丰富。

此外，个人经历的描述会让表达者成为第一人，或者事件的最佳见证者，这是交谈的一个优势。交谈的形式与内容多种多样，但说别人的故事往往会让人觉得这些事情可能是编造的，或者经过了一些不合理的加工。但是当某人在描述自己亲身经历的事情时，人们并不会产生太多的质疑。一些商家在出售商品的时候，会想方设法说一些和自己有关的营销故事，这些故事往往可以更加有效地吸引消费者的关注。

如果人们想要提升自己的说服力，想要让对方对自己的话产生兴趣，就要懂得像马云一样，在谈论各种不同的话题时对照自己的经历进行描述。由于个人经历更加真实，更加贴近生活，因此往往具备很强的感染力。正如马云所说："能打动用户的，只有你自己最真实的东西。套话谁都在说，你说得不烦，人家听得都烦了。营销需要的是一个人，一个聪明的人，而不是一台三四十块的复读机。"

谈论个人经历的范围比较宽泛，包括自己做过的事、和自己息息相关的事、自己见到的事，以及自己对某一件事的体验。对于任何人来说，这些都是确保自己赢得他人信任的重要材料。

描述个人经历并不意味着任何事情都可以拿来说，想要吸引他人，最好还是选择一些有代表性的故事：早年寻求成功所做的努力、遭遇的特殊经历、重大的挫折经历。这些都是比较合适的材料和话题。

注重细节描述，让对方深信不疑

列兰·史多在描述战争给儿童造成的伤害时这样说道："我祈祷埃及再也不必这样做。一个孩子和死亡之间只差一颗花生，还有比这更凄惨的吗？我希望各位永远不必这么做，也不必在事后永远活在这种悲惨的记忆里。如果一月里哪一天，在雅典被炸弹炸得千疮百孔的工人区里，你曾听到他们的声音，见到他们的眼睛……可是，我所留下的一切，只是半磅重的一罐花生而已。成群衣衫褴褛的孩子把我团团围住，疯狂地伸出他们的小手。更有大批的母亲，怀抱婴儿，推挤争抢……她们把婴儿举向我，只剩下皮包骨头的小手疯狂地伸着。我尽力使每个花生都发生大的作用。

"在他们疯狂的拥挤之下，我几乎被他们撞倒。举目只见数百只手：乞求的手、绝望的手，全是瘦小得可怜的手。这里分一颗花生，再在这里一颗。数以百计的手伸着、请求着，数以百计的眼睛闪出希望的光芒。我无力地站在那里，手里只剩下蓝色的空罐子……啊呀，我希望以后这种情形永远不会发生在你身上。"

许多人听了这段话的描述，情绪往往会受到波动，而这种波动之所以会出现就是因为话中的描述注重细节，让人觉得印象深刻。从讲话的角度来说，一些丰富的细节可以将听众带入到谈话当中去，或者听众会将自己投影到相关的故事当中。这个时候，说话的人就达到了自己的目的：让听众看到了自己（说话者）所看到的，让听众听到了自己（说话者）所听到的，让听众感觉到了自己（说话者）原先感觉到的东西。

细节本身不具有趣味性，比如在许多文学作品中，人们常常会做出这样的描述：一根棍子开了叉，台灯上有两只苍蝇，整个房间里摆设着各种各样的家具，衣柜里挂着白色的、红色的、粉色的礼服，香烟头被打湿了，头发还微微卷曲，小鸟在窗台上走动……所有的细节都不具有感情色彩，也不会让人感兴趣（如果细节描述过多的话，整段话反而会显得有些啰唆），不过细节描述能够增强谈话的现实感和情境感。因此一开始谈话，就要懂得将相关事件的细节告诉听众，说明人们所要传达出来的具体意念；接着，以详细清晰的说辞说出自己的论点。总而言之，在谈论某个话题的时候，应该确保谈话更加具体化。

那么在讲话中该怎样做到细节化和具体化呢？最好的方式就是举一个单一的具体的实例，然后描述这件事中的一个细节问题。

"去年中秋，我在×××宾馆见到了他。"

"2007年，我曾在上海开会，那一天天气很冷，还下着小雨。"

"昨天傍晚6点，我正在冲咖啡的时候，外面突然……"

"我见过这个人，他的鼻尖上有一颗黑痣。"

"我见到他时，他的脸上全都是血，右手手心还捧着一颗门牙。"

这里面涉及了一些重要的元素，这些元素在马云的谈话中也同样可以听到，或者说马云在平时的讲话中非常注重对这些元素进行充分应用。比如马云在谈论自己的创业历程时，并没有笼统地说自己做了很多事，自己经历了多次的失败，或者直接告诉别人自己此前一直都很失败，他对于自己的尽力做了一个比较详细的汇报："我今天很幸运，前面 4 年我创业，从中国黄页做了两年半到三年，到国家的外经贸部做临时工 13 个月，全失败了，没有人看到这些失败。从阿里巴巴到现在，我们做了 15 年，我们很幸运，我们成功了。"

创业之前的教学生涯，他同样说得很仔细："其实我不知道大学里老师工资那么低，九十几块工资，按照我的脾气早跑了，但是答应了校长 5 年不出来，我坚持了 6 年，1994 年，我觉得我已经是相当于刑满释放一样，终于熬到了 6 年。"

在 2008 年，杭州第五届中国网商大会上，马云这样说道："我想'做多久'是很多企业经常纳闷的问题，很多企业一年换很多行业，但其实第一天你看好这个行业，就应该坚持走下去。我给大家讲个故事，阿里巴巴上市后的两个礼拜，我把绝大部分 5 年以上的员工叫到屋里面，我问了他们几个问题：'今天我们看起来都很有钱了，凭什么我们有钱，是因为我们更聪明？我看不是，我反正是不聪明的。我觉得是因为我们比较有运气，还有一个原因是我们比较傻。'"

在以上这些谈话中，马云谈到了具体的时间、地点，还谈到了具体提到的问题，这些元素让谈话变得更加可信。如果缺少了具体的时间、地点和情节描述等细节，听众可能觉得马云不过是随口编造了一个故事来敷衍大家。而许多人在与人沟通的时候，并不注重给出一些细节描述，很多时候他们只关注自己讲的事情，认为自己只要将事情的来龙去脉说清楚，就基本上完成了交流，但是对于受众对象来说，他们往往会依据谈话的内容进行分辨，看看这些话是否值得相信。此外，马云既懂得如何拓展格局很大的故事，从一大事件和大环境来阐述一件事，也擅长立足于一些小细节，然后从这些小细节中延伸出去，他经常会讲述一些小事情以及一些事情当中的细节问题，这些问题很容易被人忽视，但往往容易引发同感。

如果人们想要确保自己传递的信息更加完整，在描述一件事的时候，通常只需要满足几个基本要素，比如是什么、为什么、怎么样、什么时候、都有谁、什么地方。其中人物、时间、地点是构筑整个谈话的基本细节。注重这一类细节描述，可以让听众产生一个相对一致的画面，或者引导听众进入相对一致的情节当中，这样有助于限制不同的听众产生随意的思考，避免大家对同样一句话产生不同的理解。毕竟一旦出现不同的思维和想法，就意味着互动交流的失败以及影响力的下降。

很多人会混淆细节的概念，认为把握细节就是将所有小的、微观的东西全都说出来，但细节描述同样需要把握重点，只有那些重要的，能够对整个谈话起到关键作用的细节才值得描述。将所有的细小环节从头到尾说个遍，整个故事还会显得混乱和乏味，听众很快会对此表现出反感的态度。而且一些无关紧要的细节描述会导致整个谈话缺少重心，一些重要的细节反而会被掩盖掉，从而无法引起他人的关注。

合理运用数字，打造更强大的说服力

在某次节目中，有个观众向马云提问："马老师您好，我看过一个纪录片，讲的是扬子江的巨鳄，说的你是当年带领淘宝把 eBay 赶出中国的英雄事迹，现在这件事情已经过去快十年了，我们重新回过头看十年前的鏖战，你觉得淘宝把 eBay 易趣赶出中国的胜利的秘诀在哪里？扬子江的巨鳄在大牌里，应该怎么打呢？"

马云回答说："感谢大家，不好意思，你们先坐一会儿。阿里有一点好处，因为我在公司里唠叨不少，所以他们跟我讲话都差不了多少，虽然我还没有退休，把他们烦死，烦到所有讲话、走路都跟我差不多。第一个问题是关于扬子江的巨鳄，第一不是我们打跑，是他们自己的策略，那场称为鏖战，我们自己是不知道，比堂吉诃德还可怕，那个目标很大，大概 20 亿，带来 860 亿美金，我们总共凑起来 3000 多万人民币，开打。打着打着，这不是鏖战，鏖战是两个势均力敌，我们是根本没法打，但是我们把打变成一种乐趣，eBay 是被乐趣搞掉，不是鏖战打掉，eBay 是自己后来吓坏掉，真正的想法不是 free，free 总共是 3000 万人民币，人家是 860 亿美金，把你 free 掉。

"其实中改变长期的思考，那个时候我们做出判断，整个中国在网上购物的人，加起来是 800 万人，800 万人占了 90% 的市场，中国将来有 8000 万人，有 1.8 亿互联网上网的人，所以对电子商务的做法，你要作为长期战略，因为我知道那种判断，eBay 输掉，可以彻底离开中国，我马云输掉，连滚我们家都不敢去，必须赢……"

马云的回答一如既往地幽默、有趣，而且能够切中话题的本质，但是他还有一个提升说服力的法宝，那就是数字。在马云的很多谈话中，为了提升内容的真实度，为了让对方对他的谈话有一个更直观的了解，他会借助数字来佐证自己的观点，或者对相关内容做一个基本描述。

许多人会将数字用于单纯的数学计算，似乎它们属于数学的范畴，可事实上，从语言学的角度来说，数字同样会起到很大的作用。无论是报告还是方案，无论是演说稿还是论文，无论是演讲还是谈判，数字都是一个重要的组成部分，它存在的目的就是论证。

多年以前，马云曾经去美国调查，当时他对美国朋友说："我相信 5 年以后，中国的网民人口会超过美国。"美国的朋友都不相信，马云很快列举出了一大堆数字：美国的人口才 3 亿，中国有 13 亿人口，人口基数越大，网民增长的速度和基数自然会更大。

美国朋友依据的是经济发展的差距，想要在这一层面上进行反驳，马云几乎没有多少胜算，而马云则列出数据进行对比，恰恰有效地强化了自己的观点。这就是数字的最大作用，它让谈话变得更加真实可靠。数字往往可以具体、准确地说明相关事件，它具有准确性、科学性等特点，可以提升话语的说服力。相比于其他论证方式，相比于各种技巧，列出具体的数字，往往起到强调的作用。

比如马云曾经在浙商大会上发表过这样一段演说："几年前在台湾参加一次论坛，讨论创新，吴小莉说：'马云，我们台湾那么多七八十岁的企业家都在谈论创新。'我说台湾没希望了。年轻人到哪儿了？难道我们七八十岁还认为我们比年轻人厉害？机会要给年轻人、员工，给你的客户。30岁跟别人干，40岁我们为自己干，50岁必须为别人干，为孩子干，为你的员工干。"

这段话中的数字如果完全删除，那么就可以改成这个样子："几年前在台湾参加一次论坛，讨论创新，吴小莉说：'马云，我们台湾那么多年纪大的企业家都在谈论创新。'我说台湾没希望了。年轻人到哪儿了？难道我们年老时还认为我们比年轻人厉害？机会要给年轻人、员工，给你的客户。年轻时跟别人干，接下来我们为自己干，年纪再大一些必须为别人干，为孩子干，为你的员工干。"

前后对比一下，就会发现删除了具体的数字之后，整段话就失去了原有的味道，排比的气势不足，对话中强调的观点也显得有些能量不足。从心理学的角度来说，人们对于数字有一定的依赖性，相比于文字描述，直接列出数字进行说明，更容易让人相信谈话的内容。一个人告诉客户："我的公司发展势头很好，实力也很雄厚。"恐怕对方并不会轻易相信，如果这个人这样说："我的公司每年盈利超过10个亿。"数字会带来更加直观的理解。一个人告诉他人："这样做会造成极大的损失，我的表哥就是一个例子。"对方未必会认真倾听，如果这个人说："我的表哥上次也是这样做的，结果损失了20万。"对方可能会三思而后行。

人们对于数字的敏感度要比文字强，数字所包含的意思往往比文字更加直白，在一段描述中，人们通常会格外关注里面的数字。也正是因为如此，所以数字往往能够起到很好的提示和强调作用，即便这种提示有时候并不正确，但是对于接收信息的人来说，数字是一个可以信赖的点。

感情充沛，说出来的话才有煽动力

有人评价马云，认为马云是一个与其他相对"正统"的企业家不同的创业者，说马云江湖气太多。这样的话显然不够合理，如果非要对他身上的那种气息做一个定义不可，那么感情充沛或许更为恰当。听过马云讲话的人都知道，他经常会说出一些富有感情的话来，有时候激情四射，有时候充满了感动，有时候让人思绪万千，他的话常常让人感同身受。

比如在谈到阿里巴巴的发展问题时，马云兴致勃勃地对着员工说道：

"我们的目标、使命和价值观，是鼓励我们走下去的动力。我建议大家，从明天开始，把我们的'80年'改为'102年'，成为中国最伟大、最独特、横跨3个世纪的公司。如果能活102年，就是我们最大的成功。阿里巴巴最大的成功不是我们有了诚信通、中国供应商，而是创造了伟大的公司。102年我肯定看不到，到了那时，我137岁，但我们可以把自己的孩子、孩子的孩子请到这里来，让他们今生无悔。"

同样，在1999年，马云准备邀请吴炯加入阿里巴巴共同创业，为了打动对方，马云当时激情澎湃地说道：

> "中国内地跟全球做贸易，都是从香港过的，香港就是'雁过拔毛'，看香港多有钱；我们做一个贸易的网站，让那些国际贸易从我们网站过，我们也拔一些毛，香港就是我们的。"

这或许是马云对阿里巴巴网站雏形最有野心也最直接的一次介绍，而这一份野心因为携带着强烈的个人情感，因此变得很有煽动力和杀伤力。正因为如此，2000年，吴炯被马云说服，最终加入阿里巴巴，并帮助马云在美国建立了新的研发团队。

这些谈话和演讲都充满了煽动性，而最重要的原因就在于谈话本身充满了激情，这种激情可以用一个词来描述，那就是"能量"，它通常是指个体对外界投入的能量，表现为人际交往情境中所固有的自信、热情。能量主要包含两个方面：一是活力，主要用来评估个体是否喜欢与人接触，是否充满活力，是否经常感受到积极情绪。活力高的人非常健谈、自信、热情，喜欢引起别人注意，而缺乏活力的人则比较安静，尽量避免与外界发生过多的接触。二是支配，主要是评估个体是否有支配性，是否喜欢担任领导或协调者角色，是否想要成为人际焦点。支配欲望很强的人喜欢处于支配地位，期待着用自身想法和要求去影响他人，而支配欲望偏低的人通常都比较谦虚、腼腆。

> "我梦想有一天，这个国家会站立起来，真正实现其信条的真谛：我们认为真理是不言而喻，人人生而平等。
>
> "我梦想有一天，在佐治亚的红山上，昔日奴隶的儿子将能够和昔日奴隶主的儿子坐在一起，共叙兄弟情谊。

"我梦想有一天，甚至连密西西比州这个正义匿迹，压迫成风，如同沙漠般的地方，也将变成自由和正义的绿洲。

　　"我梦想有一天，我的四个孩子将在一个不是以他们的肤色，而是以他们的品格优劣来评价他们的国度里生活。

　　"今天，我有一个梦想。我梦想有一天，亚拉巴马州能够有所转变，尽管该州州长现在仍然满口异议，反对联邦法令，但有朝一日，那里的黑人男孩和女孩将能与白人男孩和女孩情同骨肉，携手并进。

　　"今天，我有一个梦想。

　　"我梦想有一天，幽谷上升，高山下降；坎坷曲折之路成坦途，圣光披露，满照人间。

　　"这就是我们的希望。我怀着这种信念回到南方。有了这个信念，我们将能从绝望之岭劈出一块希望之石。有了这个信念，我们将能把这个国家刺耳的争吵声，改变成为一支洋溢手足之情的优美交响曲。"

　　以上这些出自马丁·路德·金《我有一个梦想》这篇演说词，这几段话在各个场合被很多人朗诵过，可以说它几乎是世界上最出色且最具煽动力的演说词之一，可是这些演说词在其他人嘴里很少能够读出马丁·路德·金的味道，原因就在于那些人很少能够像他一样投入真挚的感情，很少有人像他一样能够将情绪释放得如此充分，又如此恰到好处。

　　许多人拥有出色的文字表达能力，能够写出非常不错的稿子，能够想出非常优美或者逻辑性无可挑剔的句子，可是一旦他们站上讲台，说出来的话反而稀松平常。英国政治家爱德蒙·杜克的写作能力非常出色，他的演讲稿无论是从说理、逻辑、语言的优美程度，还是文章结构，都堪称精品，许多学校甚至将他的演讲稿当成经典范文来进行研习。不过说到演讲，杜克却更像一个失败者，这位才华出众的政治家缺乏更好的口才来表达这一份才华。他的演说枯燥、单调，缺乏感染力，以至于每次当他演说时，台下的听众不是咳嗽，就是打瞌睡，一些人干脆成群结队往外走。

杜克的问题就在于缺乏感染力，他面无表情，声音里也听不出任何激情，而缺乏热情的表现自然会让其他人感到无趣。按照心理学家的说法，演说者必须让自己燃烧起来，只有激情四射、感情充沛，才更容易产生煽动力。

一般而言，激情可以轻易调动听众的情绪，可以轻松提升谈话的气氛，并且与听众产生情感共鸣。不仅仅是激情，马云有时候也会展示出比较细腻的一面，这种细腻让他的情感更加丰富、真实，更加贴近生活和普通人，也让整段谈话更有感染力，常常可以打动人心。

在某次接受电视台采访的时候，马云眼含泪水地说起了过去的艰难岁月："14 个月我们在北京，我们从来没有爬过长城，走之前一个礼拜，我带他们去长城上面，在长城上边大家特别沮丧，从 1995 年创业到 1998 年底，觉得该收获了，但我们还是这个样子，不知道路在哪里，该怎么弄。"那一次马云爬上长城失声痛哭，当马云在镜头前说起这一切的时候，听众也能感受到他内心的悲苦和无奈。

马云是一个感情非常丰富的人，而且他愿意将这些感情融入到自己的谈话之中，这样一来，他就能够提升谈话的魅力。无论演说词多么优美，无论逻辑多么天衣无缝，无论细节多么丰富，如果说话的人缺乏感情投入，那么整个表达就会显得死气沉沉、软弱无力。感情的传达比思想的传递更加重要，而有感情地说话并不是故作样子，而是一种真情流露。换言之，人们想要说好话，想要让自己的话感情丰富，充满感染力，必须投入自己的热忱。不仅如此，表达者还要将这份热忱传递给听众。

适当保持平民化的语言风格

从演说的技巧来说，马云堪称一个技巧大师，但是多年来，他并没有将自己的话包装得多么高大上，没有将自己的谈话内容包装成精英文化，反而常常表现得非常生活化、平民化，而这也是他说服他人的一个撒手锏。

比如，在发表题为《文化是企业的 DNA》的演说的时候，马云一直都以非常口头化的方式与倾听者沟通，就像是面对面的日常交流一样，整体的语言根本没有经过太多的修饰和雕琢，显得非常随意，很多人甚至会觉得这些话根本不是马云这种口才出色的人说出来的，可对于马云来说，能够把话的风格定位成平民风格，能够将谈话切换成日常的沟通模式，这本身就是一种返璞归真的沟通策略。在演说中，马云曾说过这样一段话：

"我刚才讲李嘉诚的八个字，大家知道我把克林顿请来做'西湖论剑'，然后和他也成了很好的朋友。我觉得有两点我特别欣赏他的，不是因为他的才华。大家知道克林顿可能是全世界最有魅力、最有才华的总统，我第一次见到他的时候，我就觉得我们是早餐会，哎呀，别说女的喜欢他，就是我们男的也喜欢他，特有魅力！但是他特有魅力的点是因为别人觉得总统，就是应该这样，高高在上，讲话特深奥的样子对不对？每个人都想谁叫他是总统对不对？讲话一般的老百姓都听不懂的。哎，他的讲话让你感觉到的是什么呢？特别亲切，他看着你的时候，跟你聊天的时候，他的眼睛是看着你的眼睛，这个时候你的感觉在他的眼里面，你这时候在全世界在他眼里是最重要的。这就是魅力所在。他讲的任何问题都是很点滴很细腻，你突然发现好像要不是从克林顿嘴巴里讲出来，你会觉得是街上一个老头老太太讲话，他很好学——在问你的时候，所以我觉得每一个人，这个在一个人身上你去学他的普通东西，也许学他的光环中间的核心的东西。啊，我觉得克林顿聪明，我觉得没法学，对不对？但是他平易近人，做一个普通人的东西可以去学习。"

这段话显得很平常。在这里，马云不像一个导师，不像一个能言善辩且思维敏捷的演说高手，而像一个与听众唠家常的平常人，而这种交流风格实际上体现出了马云真诚、低调、平民化的一面，相比于那些优雅的、优美的、充满知性的高水准谈话，这种表达方式更加让人感到亲切。

在这段话中，他提到了美国总统克林顿，克林顿之所以受人欢迎，之所以让人觉得魅力四射，很大一部分原因在于说话比较朴实，完全没有总统的架子，这样的品德往往非常受人欢迎。正因为如此，所以克林顿是美国历史上魅力值比较高的一位总统。其实，和克林顿一样，马云也是一位非常朴实的人，而正是依靠这份朴实，他才能够赢得大家的关注。

2008年，原阿里巴巴内部仅次于马云的二号人物孙彤宇被调离了淘宝网，外界纷纷指责马云是在采取"杯酒释兵权"的方法，为的是防止孙彤宇威胁到自己在阿里巴巴的位置。面对外界的谣言，马云非常真性情地说道：

"孙彤宇小鬼是我带出来的。我比谁都知道每个人的强项和弱项。你说我担心孙彤宇……孙彤宇要是能够取代我，我早就能够……放手了。我今天真想找到一个人（接替我）退休。跟这个没关系。

"每个人都有自己的能力，有自己的局限，有自己的生活的选择和去向。老孙到今天为止，我对他的欣赏，没有半点减弱，但是是两个概念。孙彤宇这个小子，我找到他的时候，他妈的还得卖给我广告呢。每个人在什么环境下什么阶段做什么事情是关键的。我要铲除孙彤宇异己，那彭蕾还不弄死我？我们还怎么合作？

"你说我要怕一个人来取代我，他奶奶的，那我不就见了鬼了？我这两年忙成这个样子，累成这个样子，人不像人鬼不像鬼的。"

在这段话中，马云说了几个词汇：小鬼、小子、他妈的、他奶奶的。这些都是非常口语化的词汇，其中一些还有浓浓的市井风，很多人可能会觉得马云说话没水平、没涵养，毕竟像这样一个国际知名的大企业家一定要在意自己的形象，一定要注意将每一句话都说得很贴切，但是在马云看来，保持朴实的、平民化的语言风格本身就可以拉近自己与他人的距离，如果像其他严肃的企业家一样保持高高在上的感觉，这样反会让人觉得难以亲近。

许多人会误认为话说得越漂亮，说服力就越强，他们总是想依靠华丽的语言把他人的注意力吸引过来，然后捕捉和锁定它，而这种愿望驱动他们不断搜寻完美的语句，促使他们陶醉于如何组合那些优美华丽而富有感染力的词汇。为了吸引他人的注意，为了让他人乐于倾听自己侃侃而谈，他们有很大的兴趣使用丰富的描述性语言激励倾听者去行动。

但是这些人恰恰忘掉了语言的本质——传递信息，对于谈话者和倾听者来说，如何更加直接而顺畅地进行信息传递，这才是最重要的。尤其是对接收信息的倾听者来说，保持信息的通俗易懂是保障个人接收能力的关键因素。此外，从沟通双方的关系来说，当一个人表现得更加朴实和亲切时，对方对他的信任度越高。

那时候中国还没有互联网，我到工商局登记注册，人家说不能注册，因为字典上没有互联网这个词。注册资金要5万块钱，我们就凑了5万块钱，两万块钱租了房子，基本上就没剩什么了。那时候做互联网真是太难了，人家觉得我们是骗子。今天很多企业界的朋友，我当年都去找过，说："你就给我10万块钱，我的公司就可以做起来。"但他们都拒绝了我。今天我碰到他们，他们都说："那时候怎么那么傻，怎么没投你呢？"其实，可能是因为那时候我也没说清楚。互联网将改变人类生活的方方面面，这句话其实是我编出来的，我当时说是比尔·盖茨说的，因为我说的话没人信。我已经向他道过好几次歉了。我讲的确实是真话，不是假话，只是没想到这种改变会来得那么快。

——马云

第八章

好的口才也要学会借力

放在宏观环境下来说，提升权威性

马云在谈论某个话题或者发表某个观点时，为了提升权威性和说服力，常常会从宏观角度入手，向倾听者分析大环境下的变化。在谈论互联网的时候，马云并没有直接说明互联网的技术优势和发展潜力，而是巧妙地将这个话题切入到大环境中去。

"未来 5 到 15 个月，经济的减速会持续。有人说，我们要保持 7%。我却认为这有难度，毕竟是全球第二大经济体，如果总体经济增速即使是 3% 到 5%，那也意味着有些企业或有些行业的增长照样是两位数，也有些企业或行业是负增长。事实上，负增长并不是坏事。做公司的，必须考虑，哪些部门要关掉、哪些部门要整改。未来的 5 到 15 年，会是一个持续时间段。因为反腐败本身就是经历阵痛的过程，扶贫则是另一个机会。既然国家下定决心要去做一件事，那就是发展机会所在，因为政治对经济的影响力在未来 15 年会越来越弱，市场的力量、企业的力量会越来越强。以前靠土地资源、矿产资源，卖这些东西并不是本事。今后要靠牌照、靠建立在原材料上创造的附加价值，只有企业能够持久产生价值，才能在市场机制中好好活下来。"

为了推广互联网产业，马云还提出了一个观点："现在实现绝佳的创业机会。"

> "这世界现在是最佳的创业机会。为什么现在是最佳的创业机会？现在是世界变化最快的时候，从来人类社会没有碰上这么一次机会。第一次工业革命，英国用蒸汽机释放了人的体能，无数工业就起来了。第二次工业革命是美国的电力。
>
> "第一次的技术革命是以互联网为基础的工业革命，释放人的脑，未来30年大数据、云端运算的变革，远远超过大家的想象。未来30年是DT时代（数据科技）。IT（信息科技）是以我为中心的，DT是以别人为中心。IT是我知道，最好别人不知道；DT是只有大家不知道的情况下，我创造新的东西。现在的社会是愈开放愈好，不是技术的变革，而是思想观念的变革。
>
> "很多人在抱怨今天没有机会，不对，今天的机会很大。有人说超市不好卖都是因为淘宝，我告诉你，没有淘宝，你也不好卖，跟淘宝没关系，社会的变化就是这样。在IT时代，一切讲究标准化、流水化，现在整个社会走向个性化，整个变革是年轻人的机会。我们对手机、大数据、互联网的理解一定超过我们的父辈。"

在这两段话中，马云描述了时代发展的潮流，并分别将互联网的发展置于国内发展的宏观环境以及世界发展的宏观环境下来考量，这些大环境的设置只有一个目的，那就是确保人们意识到互联网真的是大势所趋，确保互联网和电子商务能够获得更多的关注和认可。听众不会认为这只是马云的片面之词，而是会将马云的话和时代发展联系起来，而这种联系无疑让互联网的推广变得更有底气，他们会觉得既然整个国家和整个世界都出现了这种倾向，那么接受和使用互联网就是一个明智之举。此外，由于将相关话题置身于大环境下来描述，马云的话也显得更有气势，他甚至将自己所谈论的话题和国家、世界捆绑在一起，而这无疑就拔高了话题的高度，也增加了话题的深度和内涵。

马云曾去韩国首尔大学发表演说，在演说中，他谈到了创业的问题：

"如何让中国的经济更好？我们看到今日的环境，有雾霾、水、食品的问题，我们都很沮丧，我们怎样可以做得更好？我相信互联网不是一个赚钱的工具，而是改善社会的工具，改变人们的思考方式。我有一个很大的愿望，而我相信它会成真，就是中国会因互联网而改变。未来永远比今日好，人类经历了很多艰辛的日子，战争、灾难、饥荒，而我们今天也面对挑战，这些挑战并非最困难的，我们将会生存下来，中国将会生存下来。为何中国可以生存下来？因为我们这代人是在互联网下成长的，我们开放、透明，我们学习如何享受自由，我们知道全世界各地发生什么事。"

一般人谈到创业问题时，可以直接讲述互联网在创业中的优势，可以讲述电子商务对于创业者有什么帮助，而马云的说法则是：互联网可以带动国家经济的发展。在这里，马云将互联网从一个"赚钱的工具"，一种产业模式，变成"改变社会和人类思考模式的工具"，这种新的定位使得互联网成为一个具有社会使命和民族使命的产业项目。

人们常常会将注意力聚焦于事物本身，对他们来说，想要说什么就专门说什么，这种模式容易让他们陷入细节之中，而忽略了大环境的变化。一个好口才的人善于借助大环境来提升话语的影响力，因为对他们来说，说话要避免陷入个人的猜测和幻想之中，想要让别人接受自己的信息，那么就要给对方更多的心理保障，要让对方觉得这些信息是值得相信的。建立这种信任感的一种有效方式就是将其放到大的社会环境下，因为人通常是无法对抗外在环境的，人们只能迎合环境的变化，这种随从性和迎合性就决定了大环境强大的说服力和权威性。

商人会说他们从事的行业是未来发展的趋势，销售员会告诉消费者他们的产品符合了潮流，教育者会在说教时谈到目前的教学环境和模式。他们都善于将自己谈论的话题放到宏观环境下描述，或者说愿意借助宏观环境这样的大背景、大平台来展示。由于有了这些背景的衬托，所以个人的话语会变得更有影响力。

借助名人名言为自己加分

许多人都说马云是一个心灵鸡汤的大师，也是一个说理大师，他总有一套套理论作为辩解，不仅如此，马云还会经常借用一些名人的话来为自己增加气势和说服力。也许听起来很奇怪，马云本身就是一个成功人士，他还是一个非常有主见的人，为什么还要像其他普通人那样借助名人名言为自己的话增加分量呢？

在马云看来，名人名言本身就是一个借力工具，不存在谁可以用、谁不能用的问题。人人都希望说服他人，而为了更好地说服他人，就需要强化自己的权威。这种强化一方面来自自己能力的提升以及包装，另一方面来自对外力的借助，这种借助主要表现为让那些有名望的人为自己说话，或者借助他们的言论来强化自己的观点。

服从权威是一个非常普遍的社会现象，因为在多数人看来，权威人士都是各行业各领域内的专家，他们往往具有很高的社会地位，往往掌握了大量重要或者关键的信息，而这些正是普通人所缺乏的，这样一来，权威人士从一开始就占据了主动权，普通人则会认为这些信息一定主导了相关事件。从社会心理学的角度来说，当一种强大的力量推动人们去完成某一件事情时，大家更容易在主观上产生一种热切的愿望，这时候，他们会期待着自己拥有某个或者某些充分的理由来支持这种推动力，权威正好迎合了他们的需求。这就是为什么人们会死心塌地按照权威人士中的指示去做。

为什么炒股的人往往会相信股市分析师的话？为什么患者更相信医生的话？为什么打官司的时候，更愿意听信律师的教导？原因就在于这些人都是各自领域的权威，他们无论能不能提供正确的有价值的信息，都会引发公众的跟随，因为在大众眼中，他们就是权威，而权威就是正确的。

马云在参加《杨澜访谈录》这档节目时，曾经提到了自己的创业历程，在一开始，他就谈到了一件事："那时候我们为了说互联网这个东西怎么好，那我们就要有创意，让别人去接受它。但是我觉得互联网会改变，互联网会改变人类生活的方方面面，但是马云说这句话没有意义嘛，所以1995年我们编了一句话，叫比尔·盖茨说互联网将改变人类生活的方方面面。很多媒体都在报道这个文章，有一个报社把这个文章登到头版上面，然后我就去找他。找他以后呢，我觉得这个总编辑肯定是有眼光，才会把这个东西放在头版，否则是不会放在头版，然后跟他谈了三天三夜，他也听得很激动，他是从英国回来，最后他说：'马云，我帮你一个忙。'他请了北京很多媒体的总编老总们，他说：'你那边给大家做个演讲。'那天我是激动坏了，从来没有见过那么多媒体朋友们，我就把电脑搬过去，准备了一个晚上。第二天给他们讲，讲了两个小时，他们也听得热血沸腾，他们说：'好！我们开始宣传互联网。'……"

其中马云说过："比尔·盖茨说互联网将改变人类生活的方方面面。"尽管现在来看这句话听起来并没有什么特别的，但是在创业初期，并没有多少人能够看得懂电子商务究竟是什么，人们更多时候都在质疑马云和阿里巴巴，此时的马云借助比尔·盖茨的话来为自己拉票，无疑增加了可信度，毕竟作为世界首富的盖茨拥有无可比拟的影响力，而这句话也让电子商务获得了更大的成长空间。尽管他编造了一句比尔·盖茨的名言，但这句杜撰出来的话的确给自己的话"贴金"不少。

可以想象一下，让马云自己说"互联网将会改变人类生活的方方面面"，恐怕没有人会理会他。在当时的情况下，马云没钱没势，根本没有发言权和影响力，即便他在媒体面前大肆宣传，也无法打动别人。要知道在此之前，马云四处碰壁，根本没有人愿意帮助他，也没有人愿意提供资金，许多人将马云当成骗子来对待，只有借力更多的大人物，他才能够更好地赢得更多的信任。

不仅仅是借助比尔·盖茨，马云还曾借用过李嘉诚的名言，这些名言虽然不是马云自己说的，但是由于贴上了李嘉诚的标签，瞬间增值百倍，说服力也得到了很大的提升。即便是在成功之后，他也经常应用他人的名言，或者将他人的态度变成自己的论证，因为相比于自己说的话，他人或者第三者的话往往更加客观可信，再加上对方可能是名人，拥有很强的话语权，那么说服力会更强一些。

对于一般人来说，这是一个比较实用的方式，如果觉得自己说话没底气，或者认为自己说话分量不够，缺乏说服力，那么就可以选择借助名人名言，这样会在无形中提升自己说话的档次和品位。

借助一个最佳的展示平台

许多人都不了解口才，认为口才仅仅是一种将话说得漂亮的技巧。其实从沟通的本质上来说，口才的作用是提升信息沟通的效率。而在一个信息泛滥但信息传播快捷方便的年代，如何更好更快地保证信息能够传输给其他人并被接受是一个重要课题。想要做好沟通工作，不仅需要提升语言表达能力，还要注重提升信息传输能力，而这就需要说话的人积极打造更多更好的沟通渠道，需要借助更多更优质的平台。

如果说好口才是为了让倾听者更感兴趣，那么借助一个优质的平台就为好口才的展示提供了更好的渠道，好的渠道和平台可以更大程度地发挥好口才的价值。

马云曾经在 2006 年参加了《赢在中国》这档节目，那个时候的阿里巴巴处于极速扩张的阶段，淘宝网也开始发力，但是很多人对于网上购物并不放心，对于在线创业也丝毫不感兴趣，并认为这是不可能实现的事情。在这样的背景下，马云开始觉得有必要去展示阿里巴巴的实力和魅力，让更多的人了解并相信阿里巴巴以及淘宝网，而参加《赢在中国》则是一个最好的契机。

《赢在中国》是中央电视台推出的一档全国性商战真人秀节目，以及大型励志创业电视活动，由于借助了央视这样的平台，它很快成为一个重量级的节目。而马云刚好可以借助这个平台宣传自己，因为央视本身就拥有很大的观众群体，而且代表着权威，只要央视播出了这个节目，必定会产生很大的社会效应。而事实正是如此，马云在节目中非常活跃，通过出色的口才，他向更多的人展示了阿里巴巴的内核，并使得公司的业务迅速扩展，而他也因此收获了许多想要创业或者正在创业的粉丝。

去高校参加演讲也是马云展示口才的一个常用方式。对马云来说，高校是一个绝佳的宣传平台，一方面高校的社会地位比较高，是拓展影响力的好平台；另一方面，高校的学生不仅有素养、有知识，而且是最有激情、最稚嫩，也最容易产生崇拜心理的人群。这些人在未来的三到五年时间里都将进入社会，成为推动社会发展的生力军，成为新一批的高素质人才，马云的演讲可以提前为阿里巴巴做好人才储备工作。

除了以上两种方式之外，马云还经常借助自媒体平台来展示宣传自己的观点。自媒体也被称为个人媒体，是指私人化、平民化、普泛化、自主化的传播者，以现代化、电子化的手段，向不特定的大多数或者特定的单个人传递规范性及非规范性信息的新媒体的总称。日常生活中的微信、微博、QQ、博客、论坛、贴吧都属于自媒体，人们完全可以借助这些信息载体来传播信息，分享自己的生活经验。相比上央视节目和进入高校演讲，通过自媒体的方式可以更大限度地与外界产生交流，可以更大程度地展示自己。

马云是一个微博控，他经常在微博上发表评论。比如在最近一次的双十一活动结束后，马云在微博上对菜鸟网络、快递员以及所有物流合作伙伴表达了感谢；在宣传太极文化的短片《功守道》完成之后，马云对于自己和王菲一起演唱短片的主题曲的事情进行了自嘲；他还在微博上对朋友的婚礼进行了祝贺。在微博上，马云所说的往往都是一些自己或者公司内部的事情，他还不厌其烦地与网友和粉丝进行互动，聊一些生活话题。

如果说央视这个平台代表了权威，高校演说代表了精英文化，那么自媒体这个平台带来的则是平民化、生活化的沟通，它让马云表现得更像一个普通人，让马云更具生活气息，而不是一个坐在象牙塔里的高尖端人才。也会让人觉得阿里巴巴是一个贴近生活的公司，是人们日常生活都离不开的一家公司。不同的平台带来了不同类型的交流，也让马云和阿里巴巴收获了不同层次的关注。

对于多数人而言，选择好的传播平台同样非常重要。就像一个不善言谈的人一样，让他在人群中销售自己的产品，以及在电视台推销自己的产品，结果往往不同，更好的渠道往往意味着更好的宣传效果，借助一些好的平台，往往可以让自己的谈话更具影响力。

日常生活所见到的电视、广播、报纸、杂志、微信、QQ、微博、演讲活动，甚至于路牌、产品包装、邮寄品、气球、交通工具、霓虹灯等都是信息的载体，人们可以通过这些载体来传递自己的信息，不过在这些载体中，想要让个人的口才产生最直接的影响力，那么最常见的就是电视宣传、演讲活动，以及一些自媒体。

不过，对于演说者来说，无论使用哪一种平台，都需要做到"对症下药"，简单来说，就是什么样的说话内容适合什么样的平台。就像马云一样，一些重要的观点或者价值观，一些能够产生重大影响的大事情，可以放在重要的平台上来说，这样就可以保证权威性；一些倾向于学术交流，或者比较高端的信息，可以通过学校、论坛之类的活动平台进行；一些指导性的信息交流可以通过内部会议来解决；一些日常生活的信息展示，适合使用自媒体充当传播媒介。

寻找参照物进行对比，以此来制造差距

在物理学上，有一个专有名词叫"参照物"。参照物是用来判断一个物体是运动还是静止的标准物体，只有通过这个标准物体，人们才能判断物体所处的状态。如果将参照物或者说对照物的范围进行扩大，那么就会发现它在生活中几乎无处不在。当人们想要判断或者评价某个东西是好是坏的时候，就可以选择一个同类型的东西作为标准来参照，并以此展示出双方的差距。

在谈话中，为了增强话语的说服力与活力，人们也常常会采取寻找参照物的方式进行说明，通过对比来刻意制造差距，以此来强调自己的观点、做法更有价值。比如马云一直都非常重视员工的利益，在他看来，员工就是整个公司得以发展的基础，员工的福利问题直接关系到公司的命运，因此公司必须给予员工更多的尊重。在如何善待员工方面，马云曾经说过这样一番话：

> "我们家保姆，我给她1200元，杭州市场价800元。她做得很开心，因为她觉得得到了尊重。而那些高层，他们月薪四五万元，即使你给他加一万元、两万元，他也不会感到什么。但是你对广大员工增加一些，那么士气会大增。"

在这里，马云并没有直接说明自己给保姆的工资是高是低，而是巧妙地找了一个对比：自己给保姆开出的工资比杭州市场价高出 400 元，比给那些月薪四五万元的人多加一两万元更加受欢迎。通过对比，就表现出了其中的差距，而这种差距表现出了马云对保姆的尊重。

寻找参照物来对比，是马云为自己的想法和观点进行论证时常用的一种方式，这种方式的目的就是通过对比来显示优劣之分。换句话说，马云就是希望通过借助参照物来展示自己在某一方面的优势，而这种特殊的借力方式往往更具说服力，也更容易被人接受。

"刚才有同学说做自己，怎么做自己？我们做自己问自己这些问题：我有什么？我要什么？我愿意放弃什么？我们人生到这一世，不是来创业的，不是来做事业的，我们是来体验生活的。世界本来就是不公平的，怎么可能公平？你出生在农村，盖茨的孩子出生在盖茨家里面，你能比吗？但是有一点是公平的，比尔·盖茨一天 24 小时，你一天也是 24 小时。这 24 小时有 3 个 8 小时。8 小时你在路上走、在挤公共汽车的时候，你根本不知道自己在干什么，这时候需要好的朋友。还有 8 小时你睡在床上不知道干什么，你这个时候需要自己有一个好的床，床上有一个好的人。还有一个 8 小时，你知道自己在干什么，那就是工作。假如你工作是不开心的，你做的事情是你不爽的，你可以换，千万别做着这份工作又讨厌这份工作，我觉得这些人是没有意义的。娶了个老婆，天天骂老婆，又不离婚，什么意思？对不对？

"所以我想每个人要清楚，世界不公平，你如果想改变它，第一告诉你不可能，第二去从政去，也不可能。只是人可以不一样，出生的条件不一样，但人是可以幸福的。幸福是自己去找的。

我走过民工的都市的创业者到城市里打工者，我对他们尊重，到城市里打工就是创业者，对我来说没有区别，只是我走了这条路他们走了那条路，每次走过工棚发现他们的笑声，我进去发现他们在打牌，2、3块钱的赌注每个人都很开心。"

马云不是一个强辩者，在说服他人的时候，他更加注重技巧，更加懂得从侧面进行说理，这种侧面进攻的方式其实更加安全、稳重，也更容易被人接受。人们往往拥有相互比较的心理，在评价某一件事，或者分析某一个观点的时候，他们更喜欢通过观察和对比来确定自己的立场。无论是社会分配还是投票表决，都会进行对比，这些对比给予了人们更多参考的余地。这是一种非常有效的衡量方式，或者说是一种非常高效的借力工具。

一个聪明的人永远不会执着于告诉他人某个东西很不错，或者自己的观点非常合理，而是事先选择一个更差一些的东西作为参考，由于这些不合理东西的存在，自己所说的东西就会相应地变得非常合理。就像人们在讨论美或者富裕一样，它们通常并没有一个绝对的标准，可是如果人们给出一个丑的以及穷的事例，那么美或者富裕的优势就会显现出来。对于说话的人来说，优势并不是描述和修饰出来的，通过对比就能轻易展现出来。

不过任何参照物都不是随意捏造的，在寻求参照物的时候，需要把握一些基本原则：

——参照物必须和所要描述的东西保持同一类型，也就是说双方的类型、状态、内容、模式、范畴是相似的。比如在描述某个同事是否热情时，可以选择另外一个不那么热情的同事来做对比，而不能选择一个公司以外且毫不相干的人来做参考；在描述一家电子企业的发展状况是好是坏时，通常会选择另外一家电子企业做对比，而不是选择一家食品公司或者酒店作为横向比较。

——参照物与被比较的东西最好存在一定的差距。为了凸显出某样东西足够好或者不好，可以选择一个与它存在差距的参照物，只有显示出了明显的差距，才会在对比中得出结论，才能在对比中展示应有的说服力。一个商贩在出售自己的产品时，往往会说："我的产品与隔壁卖场里的产品来自同一个地区，产品的性能也一样，品牌也一样，可是价格却比卖场里便宜了几百元。"这个"几百元"就是巨大的差距，也是商贩获得优势的关键。如果他说自己的产品性能与价格都和卖场差不多，那么就会失去吸引力和说服力。

　　以上这两个原则是寻找参照物的关键，也是提升说服力的重要基础，对于任何一个试图借助参照物来论证的人来说，这些都是非常好的方法。

利用冲突，打造热门话题

在 2017 年 5 月的贵阳国际大数据产业博览会上，马云称人工智能的发展离不开数据，数据很重要，是发展人工智能的原料，没有数据什么都不行。而李彦宏认为人工智能的关键在于创新和技术，他认为在工业时代，煤像数据一样，也是原料，但煤的重要性肯定不如蒸汽机。

接下来，双方的论战一直没有停歇。在 2017 年 6 月的世界智能大会上，李彦宏发表了演说，他认为人工智能技术向前推进，需要大量数据来支撑，而全球拥有 7 亿多网民的市场体量的只有中国。不仅如此，世界上 43% 的人工智能论文由中国人完成，这些都为中国市场的领先奠定了良好的基础。

按照他的说法，人工智能的思考方式和互联网时代完全不同。智能手机需要向人工智能转变，开发者应该从关注软件到关注芯片等硬件转变。不过，人工智能时代不是某一家公司或某几家公司的专利，而是几家公司一起做的一件事。

之后马云也上台讲话，他针对李彦宏的演说呛声："刚才李彦宏讲贵州的事情，说他担心我们两个人吵架，观点不一样。我根本就不知道李彦宏在那儿，也不知道马化腾（打了圆场），在媒体上，马化腾替我们打了一个圆场。我不知道李彦宏说了什么，多花点时间在未来和客户身上，比多花时间在竞争对手上要来得重要。这是我的看法。"

马云接下来还将未来人工智能竞技比喻成万米赛跑，他说："你看前面更高的高手，我不是看百度，也不是看腾讯，我们应该看 Google 走到哪里，IBM 走到哪里，看看世界，甚至最应该看的是未来、客户，我们的孩子们会碰上什么问题，我们去解决它。"

马云和李彦宏的互怼很快成了一大热点，而马云也成功地将大家的焦点集中到自己身上，每一次他与李彦宏针锋相对的谈话都会引发社会上的热烈讨论。有人说马云太自我、太小气，完全不顾自己的企业家形象，与人争吵斗气，可实际上，如果将视野拓展到整个世界，就会发现许多跨国公司的总裁或者创始人都像马云一样乐此不疲地在商业领域与人互撕。

比如乔布斯就是这样一个善于制造矛盾和冲突的人，他总会在最恰当的时机引爆自己与对手的商业冲突，并借助这些冲突来提升关注度。

1984 年，乔布斯特意雇用了大导演雷德利·斯科特，并投入90 万美元创作了一则 60 秒的广告，接着这则广告被他投放在超级碗（美国橄榄球联盟年度冠军赛）。在广告中，蓝色巨人 IBM 被描绘成小说家乔治·奥威格小说中不祥的"老大哥"。

这样的广告无疑是对 IBM 一次重大的挑战和冲击，双方的矛盾不断被激化，当时公司的高层对乔布斯的做法感到愤怒，认为这样会损害苹果的形象——消费者会认为苹果不厚道，而且他们并不想和 IBM 结仇。可是乔布斯并没有撤销广告，反而在媒体面前继续抨击 IBM，他将苹果和自己比喻成拯救世界的英雄，而 IBM 则是一个大恶魔。

事实上，这条广告为苹果公司吸粉无数，他们就是喜欢看到对抗和冲突。第二年，乔布斯在接受《花花公子》的采访时说道："如果因为某些原因，我们犯了一些大错，导致 IBM 赢了，那我个人的感觉就是，我们将进入长达 20 年的计算机黑暗时代。一旦 IBM 主导了该市场，他们就会停止创新，阻止创新的发生。"

事实也证明了他的英明，在他的煽动下，IBM 和苹果的矛盾不断激化，乔布斯越来越受到大众的关注和喜欢。

从某种意义上来说，乔布斯之所以能够吸引大众，主要原因就在于他非常擅长制造对抗和冲突，擅长打造新的、有热度的话题，而这些远远要比自己说一些美妙得体的话更加有效。马云也是如此，许多时候，他与其他商业领袖、企业家并没有私人恩怨，也不存在太大的矛盾，但是马云仍旧会执着地挑起战争，这是"自我炒作"的一部分，目的是维持阿里巴巴与自己的高曝光率。

正因为如此，针对一些容易引发矛盾和争执的话题，马云几乎从来不会刻意回避，反而针锋相对地提出自己的见解，并且毫不犹豫地将战火点燃。比如最近几年，马云和刘强东之间有关电子商务与电子商务平台的争论，有关营业额的争论，以及饭局的话题，每次都能够引发大众的讨论，而这或许是马云期望看到的，至少这种冲突会让他的一言一行都被放大，会成功地抓住大众的眼球。

有的企业家和宣传者喜欢蹭热点，会将自己的所作所为和一些社会热门话题联系在一起，以此来提升公众的关注度，而马云却直接选择制造热点。

也许这种制造热点的方式显得太过于冒险,但是商业竞争本身就伴随着冲突,本身就伴随着各种攻击和算计,

　　尽管矛盾冲突可能会带来双输的结局——当与竞争对手彻底撕破脸皮时,矛盾会被激化。但是如果仅仅控制在口头表达的层面上,那么双方既可以借助言语上的冲突来展示自己的立场和设想,同时也能够有效借助这些冲突来制造话题,而话题性越强的信息越容易引发大众的热情,越容易制造舆论上的影响力和说服力。

　　这是一个巧妙的心理学技巧,对于多数人来说,他们常常并不关心他人说了什么,而在于这些说法会产生什么影响,而制造话题的冲突性所产生的影响力通常要远远大于这个话题本身的内容。因此,人们很容易就会对那些富有煽动性的、攻击性的、能够制造矛盾的热门话题感兴趣。

抓住漏洞，借力打力

在日常的沟通、交流过程当中，许多人都会使用借力打力的说话方式。作为一种出色的说话技巧，借力打力可以有效抓住别人说话的漏洞，然后从中做出针对性的回击。一般而言，很少有人可以将话说得天衣无缝，一旦对方露出了破绽，人们就可以借助这些破绽做出反击，这样比直接攻击对方更加有效。

借力打力实际上使用的是一种巧劲，这种巧劲的关键在于将别人的不足、弱点或者破绽转化成为自身攻击的武器，这种武器往往具备强大的杀伤力和说服力。人们常常说"说话要说到点子上"，这里所谓的"点子"可以指说话的重点与核心内容，也可以指那些最容易获得突破的内容。善于把话说到点子上的人在与人沟通时，会抓住那些最薄弱的地方，尤其是在辩论时，往往会抓住对方不注重的细节进行回击，这样往往会巧妙地打击对方谈话的自信。

在马云收购雅虎中国后，有个朋友对马云开玩笑："马老师，你现在已经很富有了，分一点财产给学生我吧。卡耐基说过，在巨富中死去将是一种耻辱。"

马云回答说："那反过来呢？"

"什么反过来？"

马云笑着说："在贫穷中死去将是无上光荣吗？"

面对学生的哭穷和调侃，马云并没有直接说"自己花钱的地方还很多"，或者告诉对方"挣钱也很难"，或者直接就"在巨富中死去是不是一种耻辱"进行辩论，而是巧妙地将对方的哭穷和调侃转化成为："在贫穷中死去将是无上光荣吗？"这样就将问题重新抛给对方，并且让对方失去了主动权和说话的依据。这种巧妙的反击方式显示出了马云高超的表达技巧，而这种表达技巧是马云的一个常用沟通技巧之一。

还有一次，比尔·盖茨和巴菲特劝马云捐出全部个人财富，马云对于这种将个人财富与社会责任直接进行道德捆绑的行为非常反感。在他看来，一个企业家最基本的责任并不是将所有的财富捐出去，而是利用企业的优势帮助更多的人实现就业，帮助社会创造更多的财富和价值。在马云看来，企业家充当慈善家只是一个附带的职务，一个企业家应该先成为财富的创造者。不过马云并没有直接对盖茨与巴菲特进行抗议，而是巧妙地提出了反问："你多大年纪了？"巴菲特说："我 80 岁了。"马云于是笑着回答说："我 80 岁的时候也捐，我才 40。"

比尔·盖茨和巴菲特一直都在劝说马云捐款，他们看问题的立足点是"马云很有钱"，而马云在争论的时候看到的是对方的年纪，这就是盖茨和巴菲特说话时最大的一个破绽，至少马云认为这就是破绽。正因为利用了这个破绽，马云才会巧妙地借助"年龄"这个因素来辩论，这样既表明了自己现在不想捐出所有财富的立场，同时也没有得罪巴菲特，还因为这种出人意料的逻辑（没有人会认为年轻就不该捐款，但是马云却巧妙地使用了这种逻辑）而产生了强大的说服力。

公众对马云的解释可能并不满意，他们在网络上抨击马云小气，认为他在回避自己身上的社会责任。面对公众的质疑，马云也做出了有趣的解释：

> "什么叫慈善？什么叫公益？什么叫社会责任？把自己最值钱的东西捐出去，这才叫慈善。对有钱人来讲，钱是最不值钱的东西，花点钱就解决了，这不是慈善。慈善是一份心意，拿最珍贵的东西来分享。我认为把时间捐给中央电视台做《赢在中国》很值得，做得好坏是另外一回事情。"

人们在看待慈善问题时，考虑的是捐钱，而马云考虑的是将最值钱的东西捐出去，他抓住了"富豪身上最值钱的不是钱"这个漏洞进行回击，无疑为自己的行为增添了更多的说服力。

又比如，阿里巴巴和京东多年来一直存在激烈的竞争，而马云和刘强东作为竞争对手在经营理念上也有所不同，马云更加倾向于将阿里巴巴打造成一个平台，一个为中小企业服务的平台，阿里巴巴本身是不卖东西，也不提供物流服务的。而刘强东却将京东商城打造成一家电子商务公司，京东是一家卖产品的公司。那么究竟哪一种模式更好呢？双方常常各说各理。

> 一次，刘强东在接受采访时说道："只要有足够的时间，终究（有）一天我们会超过阿里。"在一次互联网峰会上，刘强东说："虽然很多人知道阿里巴巴和京东有很多方面的竞争，但京东和阿里巴巴的模式是不一样的，京东是一家电子商务公司，

不仅解决了商业成本和效率问题，还让商家和快递员都赚到了钱。"马云做出强硬回击："我和强东的区别是商业模式的问题，我们不卖货，我们不是电子商务公司，我们帮助别人做电子商务，我们希望别人更加有效地去卖货。这是我和强东之间的差别。我们阿里巴巴的目标就是要去培养更多的京东。"

马云再次显示出了出色的表达能力，刘强东只讲述了京东的本质是什么，却忽略了阿里巴巴具体是做什么的，而正是这个遗漏让马云抓住了把柄，所以马云很大方地表示阿里巴巴就是要培养更多从事电子商务的公司，其中就包括京东。

想要说服对方，有时候不一定要依靠自己强势的观点做出回击，有时候完全可以借助对方说话时的破绽和漏洞作为反击的利器。也许很多人觉得马云经常强词夺理，可是强词夺理至少也要说出一个道理出来，能够借助他人说话的漏洞，这本身就是一个高明的技巧。

为了确保巧妙地借力，人们要做到认真倾听和观察，要善于分析他人说话的漏洞，只有在倾听中发现了漏洞，才能够有效做出回击。还有一点，人们需要掌握好借力的力度，借力不够，往往显得说服力不足；借力太多，又显得有些过分，会给人造成强大的压迫感，这样反而会弄巧成拙。

聪明是智慧者的天敌，傻瓜用嘴讲话，聪明的人用脑袋讲话，智慧的人用心讲话。

——马云

第九章

借助各种技巧，让表达更具穿透力

释放肢体语言，让沟通更有层次感

一般来说，人们会觉得演讲或者交谈都是通过语言来完成的，或者说多数人的演讲就是通过声音来完成的，如果将所有的声音掩盖掉，就会发现绝大部分人都无法有效传递信息。反过来说，类似于卓别林那样的表演大师，则能够将无声电影演得非常到位，虽然他在电影中不会发出任何一点声音，但是仅仅通过恰到好处的表演，就可以让观众清晰地理解电影究竟在传达什么信息。

那么卓别林为什么不动嘴巴就可以让人知道他在想什么、他要做什么？关键就在于肢体语言的表现。肢体语言又称身体语言，是指经由身体的各种动作，从而代替语言借以达到表情达意的沟通目的。狭义的概念认为，肢体语言只包括身体与四肢所表达的意义，是指通过头、眼、颈、手、肘、臂、身、胯、足等人体部位的协调活动来传达人物的思想，形象地借以表情达意的一种沟通方式。它强调的是身体动作中包含的信息传递功能，并以此向他人展示自己的能力。

一些人或许没有意识到自己在日常交谈和对话中也常常下意识地使用一些肢体语言，只不过人们并没有注重开发这项技能，或者没有意识到肢体语言在表达时具有强大的功能，他们只停留在"信息基本上是用嘴巴来传递"

的初级阶段。

从狭义上来说，口才的确是一种口语表达能力，表达者需要借助准确的、贴切的、生动的口语来表达自己的思想。但是想要真正产生吸引力和说服力，不仅要用到口头语言，还需要释放身体语言的魅力。于是有人提出了这样一个定义："口才就是充分利用身体的语言，再加上世界上任何一切好的东西，二者的总和，构成了'口才'的重要组成部分。"

20世纪50年代，研究肢体语言的先锋人物阿尔伯特·麦拉宾发现了一个奇特的现象：在一条信息中，文字只能产生7%的影响力，语音能够产生38%的影响力，55%的影响力则来自肢体语言。也就是说，在传递信息的时候，语音上的信息传递以及文字表达只能令倾听者接收到大约45%的信息，肢体上的表演反而可以传递55%的信息。这个发现出乎人们的意料，但正如前面所说，人们并没有意识到肢体语言的神奇魅力以及在信息传达方面存在的巨大潜力。

孩子是肢体语言表达方面的天才，他们是天生的演说家和表演家，当他们说话的时候，无论是声音、表情、肢体动作都很丰富，他们还非常善于模仿，这种与生俱来的三位一体的表达方式会让他们的话具有很强的吸引力。而成人却更加相信自己的嘴巴，更愿意通过强词夺理来表明自己的立场，更愿意通过天花乱坠的语言来展示自己，他们愿意表现得更加严肃一些，更加正式一些，他们不太容易表现得手舞足蹈，似乎在担心这些肢体动作会让自己显得幼稚而不成熟，选择正襟危坐或者笔挺地站在那里，说一大堆道理和优美的词汇，是他们坚信自己能够完美展示个人魅力的主要途径，甚至可能是唯一的途径。

对于那些擅长演说的语言大师来说，他们的语言表达能力很强，不仅可以巧妙地释放语音和文字的魅力，而且非常善于展示自己的肢体动作。其中马云就是一个肢体语言大师，在他的好口才中，肢体语言是一个很大的加分项。了解马云或者见过马云演讲视频的人都会发现，和其他一些笔挺地站在讲台上，或者端端正正地坐在椅子上，一动不动的演说者不同的是，马云几乎将整个讲台当成一个表演的舞台，会用不同的姿态、动作、表情来强调自己的观点，表达自己想要说的话。即便是作为嘉宾坐在椅子上，马云也不会像木头人坐着不动，反而会想办法通过手势、点头、表情等肢体动作来强化自己的语言。

比如，当马云列出自己不明白的事情，或者想要更清晰地列出自己的看法时，他会用一根手指头逐条列出这些事情；当他强调自己不了解某件事，不能够很好地控制某件事，或者某件事完全不合理，他会做出摊手的姿势；在强调某个重要观点或者描述一个重要的经验时，马云往往会握拳捏住大拇指和食指，并且用力在空中上下挥动，这是一个具有强烈提示的手法；在表达自己的观点时，马云经常会紧握拳头，同时将两腮收紧，以此来展示自己的信心，有时候马云为了显示自信心，会举起食指。

德国著名肢体语言专家乌尔里奇博士这样描述马云的肢体动作："他的姿态很有力量，很强势，十分高贵，他能够优雅地，同时又很有力量地移动他的手指和手，而且这可能和邻居一样，比如手势，他可以像这样放置他的手（双手向上举起，高于肩膀，掌心向上摊开，就像邀请客人一样），这是豁达、邀请的手势，他能运用非语言来交流，'你被邀请了，过来，我对你张开怀抱'，并且像他这样豁达，就像他是我的一个邻居，而不是一个管理者，因为我知道管理者，我知道德国一些大公司的董事会成员，是的，他们很不一样，他们从来不会像这样站在那里。"

通过观察，可以发现手势是马云最常用到的一种肢体动作，马云甚至很少拿着话筒讲话，很多时候都是佩戴耳麦，这样做的目的就是能够腾出双手，从而丰富自己的肢体语言。那么为什么手势会如此重要呢？

哥伦比亚大学教授心理学专家弗朗西斯·罗夏曾就动作与谈话之间的关

系，展开了深入而细致的研究。为了弄清楚会话中可能产生的一些身体上的反应，他在接受测试的人手掌中装上伪造的电极，并且刻意提醒他们："我在你们手上装了通电的电极，在谈话中，请不要用手、手腕、手臂等部位做任何动作。"在测试中，弗朗西斯·罗夏发现许多测试者表现得很不自然，他们的谈话根本无法保持流畅。接下来，弗朗西斯·罗夏将伪造的电极放到受测者的脚上，做了同样的实验。尽管测试者被要求不能移动双脚，可是他们的谈话却非常顺畅，和正常交流几乎没什么两样。

从这两个实验中，弗朗西斯·罗夏发现了一个秘密：手是否会移动会对双方谈话造成严重影响。当双手被制约之后，个人的表达不仅会失去魅力，而且影响力也大打折扣。这一点在打电话的时候会体现出来，许多人在电话中常常难以把话说清楚，而且彼此间的沟通会存在很大问题，原因就在于打电话的时候，人们的手被束缚住了。

在日常生活中，手势是最常用到的肢体语言，在描述某一个物体或者某一件事的时候，人们常常会自觉不自觉地做出一些手势，而手势最能够灵活且直观地传递信息。像肯定、否定、指定、强调等表现手法都可以通过手势表达出来。

不过除了手势之外，马云也非常善于利用其他肢体动作，比如来回踱步（这表明他很放松，而且将讲台当成自己的舞台），习惯性地保持微笑（出于礼貌和自信），目光坚定（坚持自己的立场），点头或者摇头（表达肯定或者否定的态度），等等。

无论是手势还是其他肢体动作，它们往往能够包含更多的意思，并传达出更多的情绪、想法以及其他一些内在的东西，在悄无声息之间，就可以向他人传达出自己的想法。此外，相比于其他表达方式，肢体语言因为更加形象的表达方式和更加立体的表达手法，确保整个交流更具煽动力，而这或许是马云的口才能够吸引人的一个重要原因。

多使用提问的方式，引导倾听者进行思考

在谈话中，人们通常的做法都是详述自己的观点，表明自己的态度，强化自己的立场，谈话中多使用陈述句，这种句式可以最大限度地将自己所要传达的信息传递出去。不过也有一些人更加注重互动，他们不仅重视自身的表达，还懂得引导对方进行思考，促进彼此之间的交流。

马云曾经发表了题为《为理想而生存》的演讲，马云谈到了淘宝公司调整搜索结果引发的争议，并且借助年轻的淘宝人来抒发内心的抑郁：

各位阿里人：

几天前，有朋友问我今生最相信什么，我说："我相信相信！"

最近我发现很多阿里人非常郁闷和难过，大批网络报道指责淘宝网调整搜索结果，甚至还惹起了某些卖家来淘宝网门口抗议示威……看到那么多同事很委屈，甚至流下了眼泪，也发现不少年轻的淘宝人在不断自问："我们到底做错了什么？为了鼓励大家在淘宝上创业，坚持七年不向会员强制收取开店费和交易费，坚持扶持发展创业者和中小卖家，七年多的日日夜夜奋斗，结果换回来的是各种各样的指责，我们值得这样吗？我们选择的路对

吗？我们是否应该放弃自己促进新商业文明的使命而回到仅仅是一家普普通通的赚钱公司……"

在这段话中，马云虽然名义上谈到了年轻的淘宝人内心的抑郁和疑惑，但实际上却是通过这种方式来进行提问，以反问的形式来引导倾听者进行思考。接下来，他会和对方进行互动，并引出自己的看法。

阿里巴巴有没有危机？我觉得危机很大，要不我怎么可能这5年来没有重一斤肉，而且现在越来越瘦？我以前也在想，公司大点，可能老板就轻松了，我现在发觉公司越大，老板越累。企业家天天想的就是危机在哪里。感冒你治也是7天，不治也是7天，它会好的，而且有时候公司内部有问题是个好现象，有些东西也许今天没事但是可能今后会成为癌症，作为企业家，在内部不断关注癌症的癌变，这很痛苦。你如果能够真的找到癌细胞了，那你也是顶尖人物。今天马云不是顶尖人物，但是天天在关注。所以我觉得公司内部有危机，公司内部的危机在于：电子商务的高速发展，未来5年会出现井喷现象，但是阿里巴巴是不是准备好了？

在这段话的开头和结尾，马云都提出了一问题，开头的提问是为了引起听众的思考和关注，并将听众的思维和自己接下来讲述的内容融合在一起。结尾的提问既是对听众提出的问题，也是对自己提出的问题。这两个提问有助于引发马云和阿里巴巴员工的思考，也能引发他们的共鸣。

利用提问或者反问的方式来引导倾听者深入了解相关信息，这是马云非常擅长的一个技巧，有时候这还是一种非常有效的反击方式。

比如，当淘宝商城出现之后，舆论上针对马云的讨伐和质疑就一直没有断绝，一些人刻意抹黑淘宝商城提高收费的行为，认为马云此举是为了圈钱购买雅虎（谣传马云提高淘宝商城收费可以筹集 40 亿人民币），面对这些言论，马云提出了反问："你们知道买雅虎需要多少钱吗？"

按照马云的说法，雅虎如今的市值根本不是区区 40 亿元人民币可以解决的，只要人们稍微动一动脑子，就会明白这样的谣传实在经不起任何推敲。

同样，万科的王石曾经笑话马云虽然创立了阿里巴巴，但是不懂技术，于是就问马云："你不懂技术怎么去管理互联网公司？"马云没有多说一句话，而是反问道："你懂造房子？"很显然，马云通过反问提供了一个简单的逻辑思维：既然王石自己都不懂造房子，那么凭什么否定一个非专业领域内的经营者呢？通过这个逻辑，王石就等于搬起石头砸自己的脚，毕竟如果他认为马云不懂技术，就否定马云不懂得经营和管理阿里巴巴，那么自己同样无法创立和管理好房地产公司。

很多人并不懂得运用这类技巧，其实提问或者反问是一种有效的语言组织方式，组织的目的是打造绝佳的沟通效果，达到信息交换的目的，同时还可以改进自己的沟通技巧。比如人们可以采取提问的方式，对信息进行精准分类，去除那些普遍化、删减以及扭曲的语言，从而以创造性、多元化的方式进行沟通。

一般情况下，当现实信息刺激到个人的感官系统后，大脑就会对各种感官刺激进行编码、分类和整理，此时人们通常就会依靠个人经验来理解现实，并直接导致现实问题发生各种各样的改变。但是通过提问则可以了解什么信息已经被普遍化、扭曲或者删减了。比如有的人会说"我担心"，这样的句子实际上已经被删减了，信息接收者可以通过提问来弄清楚更复杂的信息："你究竟担心什么？"以及"担心谁？"或者也可以是"这种事也值得担心？"

所谓的普遍化也非常常见，比如有一些人会愤怒地认为没有人为他投票，但实际上所谓的"没有人投票"只是他对现实的一种夸大，是对个体或者某一部分人进行普遍化，而实际情况是并非所有人都没有为他投票，真正的问题是，他希望获得哪些人的投票？因此进行提问可以挖掘出隐藏的信息。

扭曲则是主观想法对客观现实的误解，比如有的人经常会说："他一定会对我感恩戴德的，因为我为他选择了一条最好的出路。"可问题在于这只是帮忙者一厢情愿，接受帮助的人并不喜欢这些。这个时候，帮忙者就扭曲了他人的想法，沟通也就会陷入麻烦。

通过提问或者反问，人们可以引导他人进一步进行思考和沟通，从而挖掘出更多有价值的信息。

借助排比句，形成强大的说服力

美国前总统奥巴马在一次开学典礼上发表了这样一番演说：
"美国不是一个人们遭遇困难就轻易放弃的国度，在这个国家，
人们坚持到底，人们加倍努力，为了他们所热爱的国度，每一个
人都尽着自己最大的努力，不会给自己留任何余地。250年前，
有一群和你们一样的学生，他们之后奋起努力，用一场革命最终
造就了这个国家；75年前，有一群和你们一样的学生，他们之后
战胜了大萧条、赢得了二战；就在20年前，和你们一样的学生，
他们后来创立了Google、Twitter和Facebook，改变了我们人与
人之间沟通的方式。"

在这里，奥巴马运用了排比句。许多人在写文章或者说话的时候，都喜
欢运用排比句。排比句是最具力量的表达形式之一。排比是一种修辞手法，
它主要是借助词组或三句以上（包含三句）的句子并排，两段以上（包含两
段）的段落并排，从而达到一种加强语势效果的方式。其中，这些词组、句
子、段落往往意义相关或相近，结构相同或相似以及语气相同。它能够深化
对某一人物或者事物的刻画，它具有层次上的逐步推进功效，从而将所要描

述的对象描述得更加清晰，将相关的观点描述得更加充分透彻。此外，排比句经常用于抒情，它往往包含了更浓烈的感情色彩，让人觉得情感丰富、充沛。恰当运用排比可以表达出强烈奔放的感情，可以周密地说明复杂的事理，加上强大的节奏感，从而达到增强语言气势和表达效果的功效。

马云经常利用一些排比句式来增强自己的气势，这些排比句在他的谈话中非常普遍：

"15年前，阿里巴巴还是小得不能再小的企业，从没有想过会有今天，我从没有想过今天能在台湾跟这么大的企业家进行沟通和交流，是时代给我们机会，是社会给我们机会，是国家给我们机会，更是同事、朋友给我们机会。"

"我深信不疑我们的模式会赚钱的。亚马孙是世界上最长的河，8848是世界上最高的山，阿里巴巴是世界上最富有的宝藏。一个好的企业靠输血是活不久的，关键是自己造血。"

"当你有一个傻瓜时，很傻的，你会很痛苦；你有50个傻瓜是最幸福的，吃饭、睡觉、上厕所排着队去的；你有一个聪明人时很带劲；你有50个聪明人实际上是最痛苦的，谁都不服谁。我在公司里的作用就像水泥，把许多优秀的人才黏合起来，使他们力气往一个地方使。"

"做了销售你会发现，最先相信你的是陌生人，最先屏蔽你的是好朋友，最先删除你的是酒肉朋友，最看不起你的是同学和亲人。"

"你们中的每一个人都会有自己擅长的东西，每一个人都是有用之才。而发现自己的才能是什么？就是你们要对自己担起的责任。教育给你们提供了发现自己才能的机会。

"或许你能写出优美的文字——甚至有一天能让那些文字出现在书籍和报刊上——但假如不在英语课上经常练习写作，你不会发现自己有这样的天赋；或许你能成为一个发明家、创造家——甚至设计出像今天的 iPhone 一样流行的产品，或研制出新的药物与疫苗——但假如不在自然科学课程上做上几次实验，你不会知道自己有这样的天赋；或许你能成为一名议员或最高法院法官，但假如你不去加入什么学生会或参加几次辩论赛，你也不会发现自己的才能。

　　"而且，我可以向你保证，不管你将来想要做什么，你都需要相应的教育。你想当名医生、当名教师或当名警官？你想成为护士、成为建筑设计师、律师或军人？无论你选择哪一种职业，良好的教育都必不可少，这世上不存在不把书念完就能拿到好工作的美梦，任何工作，都需要你的汗水、训练与学习。"

　　在这些谈话中，马云有效地运用排比句来增强自己的气势与说服力，论证层层推进，说理层层深入，感情层层叠加，这样就使得整个谈话变得力量感十足。许多人认为马云的话很有激情，而这部分激情就来自强大而富有节奏感的排比句，这些排比句让马云的谈话具有强大的突击能力，从而更加容易打动人心。

　　有人认为马云的谈话非常粗放、自由，常常显得无拘无束，可是在很多时候，马云同样也注重对遣词造句的布置，他有时候也会显示出相对精致的一面，这种精致更多地体现在一种气势上的推进和拓展。马云所说的那些排比句也是经过精心安排的，没有一定的表达功力，通常是无法说出如此有气势、有节奏的话的。

毕竟排比句并不意味着几个短句的拼凑，它对语气、结构、语意都有比较严格的要求和规范，如果没有认真进行设计，那么可能会出现重复啰唆、语意混乱甚至语意相反的情况，整个句式会出现很大的偏差，这样就无法真正达到有效沟通的目的。

"先说观点，后用逻辑"的表达技巧

每一个人都有自己的表达习惯和表达方式，这些表达方式会形成个人鲜明的特色，而不同的表达方式往往决定了说话的质量。比如马云的谈话就有着独特的个人风格。许多人在讲话或者阐述自己的观点时，首先会运用逻辑思维对相关信息进行阐述和串联，从而推导出自己的结论。这就像先描述论据，然后给出论点。而马云则不喜欢这么做，为了引起他人的兴趣，为了明确无误地表达，他总是先对自己所要描述的内容做出一个定义，或者直接给出一个明确无误的观点，而这个观点恰恰就是马云个人的思想表现。

无论这些观点对错与否，马云通常都会给自己的想法制定一个基本定义，会直接表明自己的基本观点，然后针对这个观点做一番逻辑性的推理和表达。一些人可能会认为这种表达方式过于自以为是，可能显得过于主观，但是对马云而言，先给出定义和观点，这既是自我展示不可或缺的一部分，更是清晰表达的重要方法，因为逻辑推理往往比较复杂，人们可能会在推理的过程中迷失和厌烦，而率先给出一个观点，对听众来说，能够更好地倾听、理解和接受。

许多人都听过马云的"懒人论"，为了让听众更容易接受自己的观点，马云先入为主，在开口表达时就直接说出这样一番话：

"很多人都记得爱迪生说的那句话吧：天才就是99％的汗水加上1％的灵感。并且被这句话误导了一生。勤勤恳恳地奋斗，最终却碌碌无为。其实爱迪生是因为懒得想他成功的真正原因，所以就编了这句话来误导我们。"

许多人都知道勤奋是成功不可或缺的因素，但是马云却偏偏反其道而行，说出"勤勤恳恳的人不能成功"的观点。这样的观点无疑具有很强的冲击力，许多人并不接受这种说法，接下来马云开始动用逻辑推理的方式进行论证：

"很多人可能认为我是在胡说八道，好，让我用100个例子来证实你们的错误吧！事实胜于雄辩。

"世界上最富有的人——比尔·盖茨，他是个程序员，懒得读书，他就退学了。他又懒得记那些复杂的dos命令，于是，他就编了个图形的界面程序，叫什么来着？我忘了，懒得记这些东西。于是，全世界的电脑都长着相同的脸，而他也成了世界首富。

"世界上最值钱的品牌——可口可乐。它的老板更懒，尽管中国的茶文化历史悠久，巴西的咖啡香味浓郁，但他实在太懒了，弄点糖精加上凉水，装瓶就卖。于是全世界有人的地方，大家都在喝那种像血一样的液体。

"世界上最好的足球运动员——罗纳尔多，他在场上连动都懒得动，就在对方的门前站着，等球砸到他的时候，踢一脚。这就是全世界身价最高的运动员了。有的人说，他带球的速度惊人，那是废话，别人一场跑90分钟，他就跑15秒，当然要快些了。

"世界上最厉害的餐饮业——麦当劳，它的老板也是懒得出奇，懒得学习法国大餐的精美，懒得掌握中餐的复杂技巧，弄两片破面包夹块牛肉就卖，结果全世界都能看到那个 M 的标志。必胜客的老板，懒得把馅饼的馅装进去，直接撒在发面饼上边就卖，结果大家都管那叫 PLZZA，比 10 张馅饼还贵。

"还有更聪明的懒人：懒得爬楼，于是他们发明了电梯；懒得走路，于是他们制造出汽车、火车和飞机；懒得一个一个地杀人，于是他们发明了原子弹……"

马云一口气说出了各个领域内成功者的人生际遇，以此来阐述"懒"的好处和优势，这种逻辑推理并不一定就是正确的，但是很有气势，层层堆积，层层递进，从而让听众对他的观点产生越来越多的认同感。而从根本上来说，这种逻辑论证和推理的方式由于有了一个基本论点做支撑，往往会产生更大的说服力。

不仅如此，马云还对自己的思维进行了拓展，将"动物"也纳入探讨的范畴，这种探讨并不那么严谨，更多时候是个人的一种曲解，但是依旧让人觉得非常可信：

"如果没有这些懒人，我们现在生活在什么样的环境里，我都懒得想！

"人是这样，动物也如此。世界上最长寿的动物叫乌龟，它们一辈子几乎不怎么动，就趴在那里，结果能活一千年。它们懒得走，但和勤劳好动的兔子赛跑，谁赢了？牛最勤劳，结果人们给它吃草，却还要挤它的奶。熊猫傻了吧唧的，什么也不干，抱着根竹子能啃一天，人们亲昵地称它为'国宝'。"

当进行强大的逻辑铺垫后，马云顺利地进行收尾，对自己的观点进行总结和重申：

> "我以上所举的例子，只是想说明一个问题，这个世界实际上是靠懒人来支撑的，世界如此精彩都是拜懒人所赐。现在你应该知道你不成功的主要原因了吧！
>
> "懒不是傻懒，如果你想少干，就要想出懒的方法，要懒出风格，懒出境界。像我从小就懒，连长肉都懒得长，这就是境界。"

如果对这段演讲进行分析，就会发现马云采取的是最基本的"总—分—总"结构，他先对自己的基本想法给出一个定义——观点；然后针对这个观点进行逻辑推理，而不是一开始就进行推理和论证，试图引导倾听者一起得出一个结论（事实上，逻辑推理对听众来说可能会很痛苦）。

先给出定义无疑给听众提供了一些更为明确的信息，这样对方才会对后面的逻辑推理产生兴趣。可以说，定义给整个谈话奠定了基调，而逻辑推理则让谈话变得更具说服力，这是说服他人的一个技巧。

从本质上来说，谈话者需要把握一个重要的原则，那就是所有的谈话都是为了更快、更有效地传递信息，只要将信息高效地传递出去，那就是最好的表达方式。而相比之下，先告诉他人"这是什么"，然后论证"为什么会这样"，要比直接通过"为什么会这样"来推出"是什么"更能够高效而清晰地提供信息。

所以对于谈话者来说，如果他们想要表达自己的观点，不要一开始就直接说一堆道理来做铺垫，最直接的方法就是先告诉对方自己要表达什么，自己的立场是什么，然后再做出逻辑上的解释，这种方法毫无疑问更具技巧性和实用性。

换位思考，了解对方的真实意图

2003 年，马云在阿里巴巴公司内部制定了一个非常奇特的规定：每个进入淘宝网的员工必须学会靠墙倒立，无论是高矮瘦胖，一律都要在三个月内完成这个工作。男性需要坚持倒立 30 秒，而女性则要坚持至少 10 秒。这个规定一公布出来，大家都感到有些莫名其妙，为什么马云会提出这种奇怪的规定呢？

对此马云有自己的理解，在他看来，一个人经过倒立之后，眼中的世界就开始变得不一样了。马云说每个人都应该懂得倒立，只有尝试着从不同的角度和立场去看待问题，去分析问题，才能够更好地理解别人的想法和做法，并顺利解决问题。如果对马云的这种想法进行深入挖掘，那么引申出来的意思可以理解为马云用倒立的方式来激励员工进行换位思考，争取从不同的角度去理解这个世界，从不同的角度与人进行交流。

马云曾经讲过一个有关换位思考的话题：

"杭州有一个很有名的饭店。在杭州、上海、南京、北京开的饭店很多都需要提前甚至是一个礼拜预订座位。六年前我到这个饭店去，这个饭店还没有几张桌子，我点好菜后在那儿等，过了五分钟，经理来了，说：'先生，你的菜再重新点吧。'我说：'怎么了？'他说：'你的菜点错了，你点了四个汤一个菜。你回去的时候，一定说饭店不好，菜不好。实际上是你菜点得不好，我们有很多好菜，应该点四个菜一个汤。'我觉得这个饭店很有意思，为客人着想。这个饭店很有意思，不会像人家看见有客人来，就说龙虾怎么样，甲鱼也不错。他会对你讲没必要这么样，两个人这样就行了，不够再点。你感觉他为客户着想，客户成功了，他才会成功。如果客户不成功，就是你不成功。"

在他看来，一个人只有懂得换位思考，懂得站在别人的立场上思考和分析问题，才能迎合他人的想法和兴趣，也才能确保自己的谈话被对方接受和认可。这几年来，在面对客户、面对员工的时候，马云都擅长替别人思考，擅长站在别人的立场上考虑问题。

在阿里巴巴网站的社区里，马云曾经发表过这样的观点：

"每个老板在请员工的时候要想清楚几个问题。你如果对客户、产品没有梦想，觉得你的产品就是一个简单的产品，不要寄希望员工有梦想。员工的梦想很现实，他必须生存。

"要反思的是，员工拖沓，员工要求加工资，原因不在员工身上，而是老板身上。老板没有珍惜员工，员工自然不会珍惜产品。我们永远要明白，你的价值和产品不是你创造出来的，是你的员工创造出来的，你要让员工感受到——我不是机器，我是一个活生生的人。"

有人觉得马云的话是对那些创业者和老板说的，可是他真正的意图或许是在向员工表明自己的心意，他对于老板们的告诫或许就是自己的一种表态，而这种表态会让员工产生更强烈的归属感和认同感，会让员工觉得自己受到了足够的尊重，而这有助于激发他们工作的欲望，有助于提升他们工作中的执行力。

在一次内部会议上，马云谈到了员工跳槽的问题，他并没有在会上对跳槽、离职的员工提出批评，而是非常人性化地进行了辩护：

> "一、钱，没给到位；二、心，委屈了。归根到底就是一句话：干得不爽。员工临走还费尽心思找靠谱的理由，就是为了给你留面子。不想说穿你的管理有多烂，他对你已失望透顶。仔细想想，真是人性本善。"

在这里，马云就用了换位思考的方法，站在员工的立场上来看待跳槽，并从中反省企业的管理漏洞，这样一来就拉近了自己与员工的距离，大家听着也很舒心，所以当马云发言之后，很多员工都为马云鼓掌。

说起员工跳槽、离职的问题，这是一个几乎让全世界所有老板、所有领导都感到压抑的话题。无论是十几万人的跨国公司，还是三五个人的创业团队，领导肯定不希望自己的团队成员跳槽去其他团队，毕竟这意味着随时可能流失经验、技术以及商业机密，同时也表明自己的心血将会付之东流，并导致人员出现缺口。多数领导都反对跳槽，可是在谈到跳槽现象的时候，他们大都将矛头指向他人，理由无非是员工太贪婪（见利忘义、过河拆桥）、竞争对手太阴险，很少有人站在员工的角度来想一想究竟是什么原因导致跳槽。

马云是一个非常成功的企业家，他的商业地位、社会地位都非比寻常，他的商业能力同样屈指可数，但即便如此，他也懂得如何更有技巧地引导他人对自己的谈话产生兴趣,也懂得通过迎合他人的想法来提升话语的吸引力。

换位思考是日常交流中的一个重要方式,它是人与人之间的一种心理体验过程。作为一种理解不可缺少的心理机制,换位思考的方式在客观上要求人们将自己的情感体验、思维方式等与沟通对象联系起来,并站在对方的立场上体验和思考问题,这样就实现了情感上的沟通,为增进理解奠定基础。换位思考是促进理解的一种有效方式,是一种非常好的沟通原则。

而在进行换位思考的时候,最关键的一点就是要了解沟通对象的想法,要明确对方究竟有什么期待和要求。简单来说,就是通过察言观色来了解对方的内心世界,或者在主动掌握更多信息的前提下,给予对方更多的理解,这些都是迎合对方的前提。

主动倾听，保持更好的沟通态度

前面提到了换位思考，其中换位思考的一个重要前提是倾听，当然，倾听并不仅仅用于换位思考，它是掌握信息的一个基本方式。现如今，人们每天都在接触各种各样的信息，通常情况下，大家会以为眼睛看到的信息是最多的，会习惯性地认为视觉是接触信息最方便也最常见的方式，但事实上，一个人一生中大约45%的信息是倾听到的，视觉、触觉、嗅觉、味觉以及所谓的第六感都没有听觉所承担的任务重。可以说倾听是人类了解外界信息主要的一种方式，甚至从胎儿开始，人类就已经懂得用耳朵来感知世界了。

正因为这种作用和优势，所以倾听成为沟通中一个不可或缺的元素。但在现实生活中，人们往往忽略倾听的作用，甚至排斥倾听，一个主要的原因就是每一个人都渴望成为传递信息的那个人，因为传递信息往往意味着自我展示，意味着掌握沟通的主动权。多数人都迫不及待地在他人面前展示自己的能力、思想和立场，并以此影响他人，却从未想过想要影响别人，想要让别人屈服于自己的意志或者听从自己的想法，最好的方法就是先了解对方的想法，这样才能针对性地提出自己的想法，才能更有效地说服对方。

在《赢在中国》点评创业的某一期节目中，马云点评了选手李书文：

马云：我们对刚才 3 号李书文讲的一句话，想继续听一些详细的情况。李书文提到在整个比赛过程中，7 号窦大海这个大学老师背后有很深的心计。我们想知道，这句话有什么意思，是否有什么东西藏在背后，到底是一个什么样的真实情况，你能给大家解释一下吗？

　　李书文：有几个方面的判断：第一，说句自负的话，如果我们两人同时晋级，他会不会认为我在大决赛上影响他的名次呢？这当然是个小人的看法了；第二个看法，可能是每个人都有自己的个性吧，也许是个性使然。如果还有一种可能的话，就是我判断错误了，可能是偶然的东西，我把人家当作必然了。

　　马云：还有没有具体的事例来说明这句话？

　　李书文：第一是感觉吧；第二就是我刚才举了一个例子，运物料的时候，我们俩在一个队，他到张华的地方去运，反复交代以后，还是被对方拿走了我们的东西，这是一个证据。

　　马云点评：

　　比赛进行了那么多场，我也不做深层次的评论，但我想刚才给了大家很好的机会，倾听一下队友怎么看你。比较遗憾的是，在每个人讲自己三点的过程中，没把别人给你的批评，放到自己的认识过程中。今后永远要把别人对你的批评记在心里，别人的表扬，就把它忘了。当然，别人批评你的时候，还是记住这句话：男人的胸怀是"委屈撑大"的，别弄得火气挺大。

通过这段谈话，可以看出马云在谈话中基本上以倾听为主，他并不急于表达自己的观点，而是让对方先说话，让对方尽可能地传递出相关信息。

2008 年初夏，马云离开杭州，前往重庆北碚缙云山白云观住了三天。许多人认为马云是不是抽空去凭吊探幽，是不是想要去排遣内心的压力。可实际情况是，马云此行的目的是修行禁语。在这个无人打扰的道观里，马云将大量时间放在精心抄写毛笔字经书上，而在这段时间内，他一个字、一句话也没说过。

三天之后，马云走出白云观，所说的一句话就是："禁语前觉得能不说话真好，禁语后才觉得能说话真好。"一位阿里内部的高层笑着说："过去，都是他在说，别人听，其他人的思路很容易被他带动。禁语之后，能够让他有更多机会倾听和思考别人的话。"

马云是一个非常有主见的人，他也非常擅长在他人面前表达自己的观点，不过这并不意味着他是一个只懂得输出而不懂得接收信息的人，恰恰相反，马云之所以成为一个受人欢迎的人，不仅仅在于他能说，还在于他能听，而且正因为能听，才使得他成为一个能说会道的演说大师。

作为交谈的润滑剂，倾听是促进有效沟通的不二法门，沟通双方可以通过倾听来达成观点上的一致，从而使得双方保持在同一个频率上进行沟通。而倾听往往分为四个层次和境界：

第一种是当成耳旁风来听。倾听者可能比较孤傲，他们对于他人谈话的内容通常没有什么兴趣，倾听时目光游离，注意力不集中，根本没有听进去多少内容，而且在说话的时候常常心不在焉、词不达意。

第二种是有选择地听。这一层次的倾听者具有比较明显的利益倾向，喜欢听对自己有利的或者自己感兴趣的内容，所以他们有时候会表现得很积极、很认真，有时候则表现得很不耐烦，无法保持专注。这种人经常会对说话的人指手画脚，喜欢插话，双方之间的谈话常常会不欢而散。

第三种是全神贯注地听。这一层次的倾听者懂得尊重人，而且比较专注，倾听时身体微微向前倾，眼睛会盯着对方一动不动。他们会比较投入，时而点头，时而沉思，在必要的时候会提出一些问题并做好相关的记录。

第四种是设身处地地倾听。这一层次的倾听者能够做到身心合一，在倾听到精彩的内容时往往会暂时淡化自己的存在，屏蔽一切外在的打扰，从而进入忘我的境界。他们会真正用心去感受谈话内容，因此常常会因为谈话者情绪的变化而产生情绪上的变动，他们会让自己融入到谈话内容当中去，并且将这种感受与人进行分享。

不同的人往往会有不同的倾听方式，而对于真正懂得沟通与倾听的人来说，一定会想办法设身处地地倾听他人的想法，了解他人的需求，这样不仅可以有效接收更多有价值的信息，同时还能够端正良好的沟通态度，确保沟通效率的提升。

其实非常自豪我自己是杭师院的学生。前两天我刚刚从美国回来，在那里参加了两个会议，其中一个是美国亚洲协会会议，美国前国务卿舒尔茨问我："你的英文是哪里学的？"我说是杭州师范学院学的。另外一个我也不是开玩笑，我在公司里也经常这么说，你去我们公司问哪个学校是全世界最好的，所有人都会告诉你，杭师院是最好的。我们公司有很多优秀的学生毕业于北大、清华、中科院，也有哈佛等大学毕业的人，他们说没办法，只能听杭师院的，对吧。我觉得为杭州感到骄傲，也为杭师院感到骄傲，也为我们学师范的人感到骄傲。

——马云

第十章

好口才是怎样练成的

影响正常沟通的主要障碍

提到口才，人们通常会认为口才就是能说会道，就是天花乱坠地将相关信息描述出来，将大量信息传送给听众。可是真正的口才不仅仅在于说得多，更在于说得巧。可以说口才问题本质上是沟通问题，一个人能说会道很难得，但是能说会道的人必须确保自己所说的话能够被人理解并接受，必须确保自己的谈话可以产生更为积极的作用，这是一种互动下的结果。但是互动的过程中往往会出现各种各样的障碍，正是因为这些障碍的存在导致双方沟通不畅，导致个人的表达出现了问题，因此提升和锻炼口才的方法，从本质上来说就是克服这些障碍和问题的方式。

那么生活中究竟有哪些障碍会影响个人的表达呢？

1. 语言障碍

众所周知，每一个国家、每一个地区、每一个民族，可能都存在各自的语言和文化，这样就会导致语言的不同。一个人的沟通技巧再丰富，沟通态度再好，沟通能力再强，如果不能克服语言上的障碍，他同样无法说服他人。对于那些想要发挥出口才的人来说，对于那些想要达到沟通效果的人来说，说服他人的一个基本前提就是，双方是否存在语言障碍，如果存在语言上的障碍，那么就要懂得克服语言上的障碍。马云的普通话和英文都没有多少问题，可是，如果让他讲俄文、讲法语、讲西班牙语，那么整个沟通就会遇到困难。

2. 矛盾冲突

传递信息的人与接收信息的人并非总是保持合作的态度，由于性格、利益、需求、习惯、生活背景、人生轨迹等因素的不同，双方之间可能存在隔阂，甚至是敌意。在这种情况下，双方之间的沟通很难达成一致，传播信息的人或许会刻意改变内容、隐藏内容，而接收信息的人同样会将相关信息改得面目全非，或者拒绝执行相关的任务，如果表达者不能有效解决这些矛盾，就难以在沟通中达成一致。马云在遇到一些竞争对手的时候，同样会面临一系列的问题。

3. 信息损耗

信息损耗是日常交流中一个最常见的问题，在很多时候，人们很难将各种信息完完整整地传达给他人，而是会在交流过程中逐渐消耗掉一部分信息。一般来说，这种信息消耗过程和信息量的大小、信息传递的环节、信息的难易程度息息相关。如果信息量比较大，那么接收者往往很难一次性把握住所有的信息；如果信息传递的环节比较多，那么在层层传递的过程中，信息会不断减少和改变；如果信息的内容比较复杂，理解起来有困难，那么同样会在沟通中造成一定程度的损耗。马云有时候更喜欢直接与员工进行沟通，而不是通过中层干部来传递，这样就保证了自己的信息不会出现太多的损耗和曲解。

4. 知识储备不够

沟通交流并不是一种胡编乱造，它是建立在丰富的知识储备基础上的。如果一个人的知识量不够，那么就会陷入无话可说的境地，那么无论这个人的思维多么敏捷，无论他口齿多么伶俐，同样无法说出有价值的话来说服他人，同样无法拿出更多的证据来进行论证。对于那些出色的演说家来说，对于那些口才出色的人来说，掌握更多的知识是一个基本原则，如果对相关事件不够了解，那么就无法说服对方相信自己。马云虽然不懂技术、不懂财务，也不懂如何销售，但是对于互联网发展的熟悉，使得他能够在演说中对相关知识信手拈来，从而提升自己的说服力。换言之，如果马云本身对互联网的发展趋势根本一窍不通，那么他就无法吸引到更多人的关注和投资。

5. 地位差异

信息的传递通常会受到地位的影响。一般情况下，接收信息的人不仅会判断信息本身的重要性，也会判断发送信息者的地位，这样就容易造成一种现象：传递信息的人的社会地位层级越高、权威越大，信息接收的可能性越大，接收的效果也越好；反过来说，发送信息的人如果没有什么地位，那么他的话可能也不具备太大的影响力。马云在最初宣传阿里巴巴和互联网的时候，经常借助比尔·盖茨的话来为自己增加说服力。

6. 性格障碍

许多人能力很强，知识储备和人生阅历也非常丰富，可是非常害怕与人进行沟通，他们无法有效传达出自己所掌握的知识，无法完整地表述内心真实的想法和立场，这样就导致整个沟通常常陷入僵局。此外，那些性格内敛且害怕与人交流的人，那些缺乏自信的人，那些不习惯与人争辩的人，他们在沟通中常常处于弱势地位，常常会丧失最基本的信息输出能力，这导致他们无法影响到他人。

一般而言，多数沟通障碍都是主观因素引起的，性格缺陷、知识缺陷、人际关系处理方面的缺陷，这些都会影响到个人的沟通能力。想要提升个人的沟通能力和说服力，那么就一定要想办法克服这些障碍，要懂得运用各种手段和技巧来提升自己的沟通质量。

好口才应当练成四种基本能力

许多人都希望拥有好的口才，都希望可以像那些演说大师一样能说会道，他们可能会刻意去模仿那些技巧和演说方式。但口才是一个比较宽泛的术语，从本质上来说，口才不过是一种沟通的方式。所以想要拥有好的口才，就需要先提升最基本的沟通能力。

而成功的沟通必须掌握四种最基础的能力：接受、发送信息、关系、组织。

"接受"指的是对信息的接收和接受，通常是指信息接受能力。人们通常都会认为锻炼口才的关键在于说，表现好口才的方式也是说。可对于那些说得好、说得到位的人来说，他们之所以能够说服他人，就在于他们事先也接受了一些重要的信息，这些信息主要包括对方的谈话和提问。如果接受能力比较弱，那么就无法对这些信息进行正确的分析、理解和消化。

马云的口才很好，并不仅仅在于他能说，还在于他对重要信息的接受能力也很强。有些人在面对他人的提问时，常常会想半天，可是马云能够在第一时间就理解话中的含意，那么他在说话的时候就可以针对性地提出自己的想法。

2017 年，马云同美国总统特朗普进行会面，在会谈之后，特朗普当着记者的面夸赞马云："我俩进行了一次伟大的会谈。马云是一位伟大的企业家，世界上最好的之一。他爱这个国家，他也爱中国。"

许多人面对这样的夸奖，可能早就高兴得忘乎所以了，他们也许会欣然地点头，或者保持微笑。可是机智的马云很快发现了这句话当中隐藏的一些特殊"信息"：特朗普先说马云爱美国，也爱中国。这其实会让人误以为马云更加看重美国市场，更加喜欢美国。

所以马云当即回答道："是的，我爱中国，也爱美国。"虽然变换了一下中国和美国的顺序，但正是这种变换使得马云避免落入陷阱，同时也让人们见识到了他的爱国心。

如果没有出色的信息接受能力做基础，那么人们很容易说错话。不过想要提升信息接受能力就需要确保自己能够全方位接触信息，并提升信息过滤、甄别和重点把握的能力。通常情况下，人们首先需要保持开放的感官渠道，平时说话的时候尝试着打开整个感官系统来感知和接收信息，尤其是提升"听力"和"视力"，努力挖掘那些关键信息；其次，要制定全面的感知策略，有技巧地提升信息感知效率，比如先听后看，或者边听边看；最后，每次谈话时最好都做好感知的准备（保持安静和专注，放松身体，与对方营造一个轻松的氛围），长时间的练习会强化信息感知能力。

"发送信息"是指将信息传达给他人的过程和手段，这是信息输出的范畴，目的是向别人表达自己的想法，或者分享自己的观点。简单来说，发送信息就是以什么样的方式将信息发送出去。发送信息与口才息息相关，口才的好坏往往和发送信息的方式有关。为了更顺利地发送信息，人们通常需要掌握一些技巧。比如马云说话的速度比较缓慢，但口齿清晰，这样可以确保对方听得清说话内容；马云还会说一些富有创造性的话和形象生动的语言，这样可以让谈话更加吸引人；马云还会使用丰富的肢体语言来辅助自己的演说，这样可以确保信息更完整地传达出去。这些都是发送信息的技巧。

"关系"指的是维持和强化关系的能力。对于那些想要说服别人的人来说，如何保持良好的关系非常重要。为了打造良好的人际关系，谈话者可以事先搜集沟通对象的相关资料，主动了解对方的角色、职位、性格、学历、喜好、阅历、生活习惯、工作能力、需求和目标等信息，然后建立起一个相对完备的资料库。只有了解这些基础信息，谈话时才能迎合对方的想法和兴趣，从而营造良好的沟通氛围。

许多人都羡慕马云可以和不同的人打交道，而且可以在短时间内吸引到对方，其实马云之所以能够和不同的人打交道，关键在于他对自己的沟通对象比较了解，即便是初次见面的人，他也可以从对方的言谈举止、衣饰风格来推断出对方的性格特征，从而以更加得体的方式与之进行交流。

这种能力也是在常年的交流中形成的，因此想要提升口才能力，一定要提高观察能力，提升倾听的能力，并掌握取悦于人的一些基本方法。只有掌握调节人际关系的方法，才能够确保站在正确的沟通轨道上。

"组织"是指对沟通方式的组织能力，其目的是打造更好的沟通效果，使得信息交换更加顺利。在前面的内容中，已经谈到了这个概念，善于组织的人会主动去除那些普遍化、删减以及扭曲的语言，提升沟通效果。普遍化是将一部分存在的问题扩展为普遍性的问题；删减是指一部分信息被隐藏起来了；扭曲是指主观想法对客观事实的误读。

人们想要拥有更好的口才，想要让自己的谈话变得更有说服力，那么就要努力提升这四个方面的能力。其中"接受"主要用于处理外部信息，"发送信息"在于表达和展示自我，"关系"是为了营造和谐沟通的氛围，"组织"的目的在于收集有价值的信息。这四种能力的提升无疑会帮助人们构建起一个完整的沟通体系。

主动与人交流，锻炼口才

人们通常都会说，这是一个信息大爆炸的年代，也是一个社交大爆炸的年代，而在这样一个年代，人们之间的沟通变得越来越频繁，沟通的内容也越来越多，这就要求人与人之间的沟通更具效率。不过许多人的口才却很糟糕，尤其是那些社交能力不好甚至患有社交恐惧症的人，他们常常难以应对正常的交流。而口才很差的人，往往会认为自己的知识积累不够，认为自己缺乏顺畅沟通所需的素材。可事实上，很多口才不好的人并不是因为掌握的知识不够多，而在于他们缺乏信心和勇气，缺乏锻炼的机会。

比如大作家沈从文和周作人都是知识丰富的文学大家，可是两个人都有一个共同点：口才不怎么好，他们在给学生讲课的时候，甚至还会很紧张，表达上也显得比较枯燥和单调。这两位堪称文学大家，知识储备非常多，可是由于缺乏经验，加上性格偏于内向，导致他们在讲课的过程中常常不够自然。对于这种人，最重要的就是提升沟通交流的经验，因此只要经常进行联系，主动与人交流，他们就会慢慢提升交流的经验和能力。

就如同许多人会说："我几乎天天都在研究那些有关演讲与口才的书籍，都在研究那些如何与人社交的方法，可是我开不了口，我无法像书中所说的那样，顺畅地与人交流。"读书只能起到一种引导作用，书中所有的建议、方法、理论，如果不付诸实践，不与实践结合起来，那么永远都不会提升个人的表达能力。就像马云一样，作为中国商界最有口才的企业家之一，这种出色的口才主要来自实践锻炼。

马云曾经说过："我的英语不是正规教育出来的，是聊天聊出来的。我们家是没有人懂英文。我每天早上骑自行车在杭州酒店门口，找来旅游的老外练英文，我做免费导游，这样聊了九年。"按照他的说法，自己的英语口才之所以会有这么大的进步，就在于自己会主动和人聊天。

据说，马云上中学的时候，喜欢上了地理老师活泼的教学方式，这位女老师还经常给学生讲自己的一些经历和故事。马云非常崇拜她。有一次，老师在课堂上对他讲了一件事，她去西湖边游玩的时候，碰到了几个外国友人，他们初来中国，对相关的地理知识不清楚，于是就问她。结果这位地理老师的英语水平非常棒，而且口才也非常好，她对外国友人的提问一一做出顺利的回答。1979年，马云认识了一家澳大利亚的来客，双方很投缘，在一起度过了三天愉快的时光，之后马云和这一家人经常进行书信往来，还成了笔友。

马云意识到自己也需要学好相关的专业知识，同时也要锻炼英语口才。上完那节地理课后，马云花6毛多钱买了个喇叭，里面有一些英文广播，马云每天就听广播学习。为了提升英语能力，马云学着老师一样，经常去西湖边玩，而且专门找外国人多的地方。马云的想法很简单，就是凑上去听一听他们聊了些什么，然后顺便跟着他们学习一下口语发音，偶尔也充当一下向导。

时间一长，马云的英语口语能力越来越强，口才得到提升，连同学和老师都觉得有些不可思议，一些与他进行交谈的外国友人甚至觉得马云是从美国归来的华侨。对于马云来说，他并没有因此而感到自满，即便是在上大学之后，他依然每天一个人跑到宾馆门口跟外国人对话。

在英语表达方面是这样，在说话技巧方面，马云同样如此，他总是主动与人发生交流，在各种会议或者社交活动上，马云常常是最活跃的一个人。有人认为马云是一个"不甘寂寞"的人，但这种行为同样可以理解为"马云是一个喜欢主动与人交流的人"，他非常享受与人一同对话，并从中汲取养料。这是一个漫长的积累过程，也是一个持续的进步过程。

这种主动性通常包含几个方面：

1. 主动说话

人具有非常明显的社会性，这种社会性决定了每一个人必须和其他人发生联系，这种联系有时候是被动的，有时候是主动的。被动发生联系的时候，社会会成为发力点和施力方，而个人会成为受力方，个人处于被动接受或被动影响的状态。从沟通的层面来说，就是别人说了些什么，自己答应什么，或者别人问一句，自己回答一句。在这种沟通模式中，个人往往较为被动，个人的表现会相应地受到压制。而在主动发生联系的时候，个人会主动与社会发生交流，会主动将自己的想法和立场说给他人听，并且会产生希望用自己的方式来说服他人的愿望。在主动状态下，个人的发挥更有余地，个人的发挥更加自由，这对于个人口才的提升有很大帮助。

2. 主动倾听

倾听也是一种非常重要的沟通方式，懂得倾听的人往往能够学习到更多的知识，能够接收到更多的信息，更能够学习到更多的技巧。倾听是观察和学习的一种重要模式，它可以帮助人们收集更多的沟通素材，提升沟通技巧。不过相比于那些主动倾听的人来说，被动倾听的人缺乏主观上的学习欲望，一切都是出于被灌输的状态，在这种被动接收信息的状态下，人们所能接收和学习到的知识比较有限，个人的成长也相对比较缓慢。

3. 主动进行互动

互动是沟通的一个重要方法，也是促进人际交往的重要方式。互动能够深化信息的交流以及信息交流的方式，尤其是主动与人发生互动往往可以让个人掌握更多实用的沟通技巧，表达者会主动进行提问，会主动想办法提升各种技巧。而被动互动的人，往往丧失交流的主动权，丧失主动交流的欲望，他们更多的时候只是一种礼貌的应付，这对个人沟通能力的提升帮助不大。

许多人会这样说："我没有演讲的天赋，我的嘴巴太笨了。"在他们看来，演说是一种天赋，那些擅长演讲，具有好口才的人都是先天具备一种特质，可是生活化并不是先天性的，任何出色的演说家都不是自带好口才的基因，而是通过后天的努力和练习获得这些能力的。只有那些懂得主动与人交流的人，才能更好地驾驭语言，才能找到更多更好的方式来吸引和影响到其他人。

伟大的钢琴家亚瑟·鲁宾斯坦说过一句话："如果我一天不练，只有我自己知道；如果我两天不练，我的批评家们知道；可是如果我错过了三天的练习，那么观众就全都知道了。"口才练习同样如此，想要让自己表现得更完美、自然一些，就要懂得多练习、多交流。

当众演说，培养自信

萧伯纳是一个演说大家，当别人问他是如何先声夺人地当众演说时，他做出了这样的回答："我是以自己学会溜冰的方法来做的——我固执地、一个劲地让自己出丑，直到我习以为常。"正是因为频繁地上台演讲，频繁地在他人面前发表讲话，他从一个胆怯、羞涩的人成为知名的演说家。

由于缺乏锻炼，缺乏当众演说的经历，多数人都会感到恐惧。过度担心和紧张就会破坏讲话的水准，比如有的人一开口说话就担心自己表现不好，担心自己无法引起听众的关注，甚至被人喝倒彩，担心自己的材料准备得不够充分，担心自己可能会出现一些常识性的错误。这些都是比较常见的现象。

美国演说家格鲁内尔提出了"自我形象受威胁论"来解释怯场现象。按照他的说法，每个人都有理性的、社会的、性别的、职业的自我形象，当人们进行演出演讲时，自我形象会完全暴露在公众面前，由于担心自己的形象会遭到破坏，因此很容易产生怯场的心理。一些心理学家提出了一种有趣的观点：当演说者担心听众的反应时，听众或许一直期待着将控制权交到演说者手上，他们更希望自己能够倾听和学习。

事实上，多数人都害怕当众演说，他们在私底下会和亲人、朋友、同学聊得非常愉快，可是一旦面对很多人时就容易产生羞怯心理，这是正常的。

多数人都不同程度地具备这样的心理，而这种恐惧感和羞怯并非完全不好，毕竟人天生就具备一种应对环境中不寻常挑战的能力，它会不断提醒人们注意自己的脉搏和呼吸，督促自己时刻保持警觉和冷静，以应对各种环境的挑战。

只有演说者表现得更加自信，整个演说才会迎合他们的期待。因此演说者必须不断给自己增添信心，将自己当成一个专业人士。他们必须了解一个真相：被邀请来发表讲话的是自己，而不是其他人；就是因为自己就是专业人士，自己就是权威。不过想要做到这一点，最关键的一点还是要确保自己多发表一些演讲，多参加一些演讲活动，当个人的经验不断增多之后，怯场的心理就会越来越弱。

公开的演说或者面对公众进行表达，这是建立自信的关键。一个人一旦发现自己能够伶牙俐齿、头头是道地与一大批人进行交流，自然会给你增添许多力量，这种力量足以应对个人之间的交谈。

著名的演说家卡耐基就非常赞同那些不善交流的人（或者想要练就好口才的人）进行当众演说。他曾经就这个问题咨询过心理医生大卫·奥门。大卫认为："尽力培养出一种能力，让别人能够看到你的脑海和心灵。学着在某个人面前、在人群当中、在大众之前清晰地表达自己的思想和意念给别人。在你这样努力去做而不断进步时，便会发觉：你真正的自我，正在人们心目中塑造一种前所未有的形象，产生前所未有的冲击。

"从这份处方，你会收到双重好处。你学着别人讲话时，你的自信心会随着增强，而你整个人的性格也会愈来愈温和，愈来愈美好。这意味着你的情绪已渐入佳境，情绪既已渐入佳境，身体当然也就渐入佳境。在我们现代世界里，不论男女老少，都得当众讲话。我个人并不清楚它在工、商中究竟会给人带来什么利益，我只听说裨益无穷。可是我确实知道它在健康上的益处。只要有机会，便对几个人或许多人说说话；你会愈说愈好，我自己就是

228

这样；同时你会感到神清气爽，感到自己整而圆浑，这是你从前感受不到的。这是一种畅快、美妙的感觉，没有任何药丸子能够给予你这般感受。"

当众演讲不仅仅在于经验、技巧上的提升，在于自信的提升，从心理学的角度来分析，当众演说所带来的恐惧也是一个催化剂。因为适当恐惧是帮助保护自己的一种本能，全新的或者危险情况都会激发人们战斗或逃跑的反应，当人们遇到这些情况时，身体中的脉搏会加快，肌肉抽紧，肾上腺素会快速上升，这时候就能够提供人体做出任何反应所需的能量，此时人的思维还会变得更为灵敏，更容易产生新思想、新的创意。

紧张情绪几乎能够促使人们讲出更加出色的话。事实是，即使是那些最老练、技巧最高明的演说家，他们也会有感到紧张不安的时候，即便是最有经验的语言高手也经常免不了和紧张情绪作战。如果有人不曾感到紧张，那么就意味着他从没有认真对待演说这件事，从没有想过自己是否应该把演说的层次和质量提高一些。

马云是一个非常自信的人，多年来，只要有合适的演说机会，他从来不会轻易放弃。比如，他早年曾担任杭州师范学院的学生会主席，也担任过杭州市学联的主席，那些职务明显为他当众演说提供了便利，也培养了演说的基本功。不仅如此，马云还曾担任教师，虽然课堂讲话与一般的演说有一定的区别，可是长时间站在讲台前讲课，本来就可以提升讲话的自信心，本来就能够提升演说的技巧。

就连他自己也承认，教书生涯让他在演讲时变得更加从容、更加顺畅，他的一些幽默特质在教书的过程中就开始显露出来。而在创业之后，演讲成为家常便饭，其中包括经常上电视节目、参加商业活动以及在学校里发表演说，他在公司内部也经常会发表讲话。他说自己在创业初期，为了吸引更多的人关注互联网和阿里巴巴，曾经每年都要发表200次演讲，这样惊人的数字显示出了马云的决心，多次演说不仅增加了个人信心，也让马云可以通过对他人观察，了解自己需要从什么地方进行改进，从而有效带动了马云口才的提升。

　　马云曾在清华大学的演说中说过这样一段话："我心里觉得有一个工作我从来没忘记过，我是一个老师出身，学的是师范，在大学教了六年书，创业的时候我自己有一个东西从来没丢过，那就是当老师，我可能花了很多时间，比任何一个CEO都多的时间，在外面交流、讲课、聊天。

　　"可能没有像我这么高调的一个人，到处去讲，这是职业病。因为老师一个很重要的职责就是分享自己，很多知识不是老师的，但是你必须去分享。我在大学里面教的六年书中，其中做了三年班主任，当班主任的经历，让我受益匪浅。"

　　…………

　　"第二，老师很重要的职责就是经验分享，不管别人要听不要听，你自己知道的要跟大家分享。即使我不懂，很专业的事情，我也学会之后再分享。老师也要不断学习。在中国企业家里面，估计我应该排前十个。创业以来，我没有再回大学认认真真坐下来听过一个月的课，但是我几乎跑遍了很多国家、很多公司。"

对于一般人来说，他们可能会认为自己不具备马云那样的演说条件，那么最好的方法就是加入某个社会组织，然后主动讲话。每次组织内部举办某个活动，或者举办聚会，或者开会时，都可以主动站出来同他人分享一切。其实只要留心观察，这样的机会几乎是无处不在的，无论是商业交流、朋友聚会、团队会议，还是一些学术交流会议，几乎都能够找到发言的机会，关键在于人们是否主动，是否能够有勇气站在公众面前。

在阿里巴巴成立之初，马云没有名气，也没有社会地位，可是为了提升阿里巴巴的知名度，马云曾经在大街上直接进行演说，主动宣传自己的公司。有人认为这种宣传手法过时了，不过是那些没有名气的小公司选择一种当街叫卖的方式而已，就像小贩叫卖自己的产品一样。对此，他这样回应道："我有一副天生的好口才，为什么不可以在大街上宣传我的公司？"

　　人们应该主动通过各种各样的机会去锻炼自己的勇气和能力，去寻找各种当众演说的机会，而在演说的过程中，人们应该适当排除外界的压力。比如当一个人在发表演说时，如果有99个人提出了赞美，而只有一个人提出负面评价，他往往会倾向于注意那一个人的负面评价。如果在100个听众中有99个人在认真倾听，只有一个人走神，那么演说者往往会不由自主地被那一个人牵着鼻子走。所以人们应当懂得适当忽视那些负面评价，给自己增加更多的信心。

努力充实自己，才能言之有理

人们的各种才能都是由知识转化而来的，是建立在知识的基础之上的。口才作为一种语言技能，同样是知识堆积的产物，是知识积累的结晶。一个人的说话水平往往和他自身的知识结构有关，一个人口才的好坏，首先取决于他自身知识掌握的多少、深浅和完善程度，也与他学习的方式以及态度息息相关。

那些内在充实的人往往会在沟通中说出更多有价值的话，而那些知识储备不够丰富的人，有时候会显得有心无力，就像一个好的厨师却找不到更好的食材一样。如果对生活进行观察，就会发现那些善于说话的人往往拥有惊人的阅读量和丰富的人生阅历，这种人酷爱阅读，喜欢吸收各种各样的知识，同时涉猎广泛，见多识广，他们可以从人生经历中收获更多的经验。

很多人都在羡慕马云拥有出色的口才，却不知道这一切都和马云的个人经历与知识水平有关。听过马云说话的人都知道，他的知识面非常广，无论是哲学、经济学、历史、文学、宗教、政治、科技都有所涉猎，这样一来，他在谈话时会显得很有说服力。

充实的知识与生活阅历，让马云在与人沟通时变得游刃有余，而且占据了很大的主动权。因此对于多数人来说，想要让自己言之有理，让自己在沟通时更具影响力，就需要给自己"充电"。

首先，一个人应该多读书。因为每个人都有自己的工作，都有属于自己的生活圈，而无论是应对工作，还是人际关系，都要将自己专业领域内的知识学精学透，只有将专业知识学好，才能说出真正有价值的东西。此外，平时还可以多读一些历史、文学、心理学之类的书籍。研读历史可以启发智慧，提升谈话的高度；读文学可以陶冶情操，确保谈话的修养和内涵；读心理学的目的是更好地察言观色，更好地走进别人的内心。马云无论多忙，每天都会尽量抽出一点时间看书，这个良好的习惯让他有了丰富的知识积累。

如果将读书的范畴进行扩散，那么看报纸、看《新闻联播》、浏览网页也是吸收知识的好方法。很多人平时忙于工作，对外界发生的事情漠不关心，其实他们完全可以抽出一点时间看看报纸和相关的新闻，了解最近发生的大事，了解一些社会性的热门事件，这样无疑能够增加话题。

其次，要走出去多看多听。毕竟生活中绝大部分信息都是通过自身与社会的接触来获得的，可以说个人的阅历往往是获取知识的最佳通道，口才很好的演说大师，往往拥有丰富的生活阅历，他们可能比别人更加专注生活，更加专注于生活的各类信息，他们会将自己的所见所闻转化成为知识，会将个人的生活经验当作交流的素材。因此，对于人们来说，想要充实自己的知识，不仅要多读书，多看一看新闻，更要主动与社会接触，要拓展自己的人脉关系网络，要懂得多去外面走一走、看一看、听一听，多接触那些有知识、有经验的人，主动从外界获取更多的知识和养料。

马云说："领导者不学习、不提升、不进步，你的企业也永远不会学习、提升和进步。我能有今天，我的企业能发展到9000人，除了我刚才讲的三点外，还有一个很重要的原因。我是学英文的，我的机会很好，这几年见了很多优秀的人，有高科技领域的比尔·盖茨，有做投资的巴菲特，还有克林顿。我跟他们成了朋友，跟他们沟通交流。第一次见到克林顿的时候，我就想，这哥们儿怎么这么想问题？这么厉害的总统，跟你讲话的时候，眼睛会一直看着你。我们有些处长和局长，跟人讲话的时候，眼睛都是往上看的。他看着你的时候，你会觉得，伟大的人作为平凡人存在的时候才是伟大的。我再能干，在克林顿面前，在领导和治理国家上，我能算什么？所以，我要向他学习。还有比尔·盖茨对未来的畅想，巴菲特、索罗斯对投资的理念，这些人的思想都值得我好好学习。企业的首要社会责任，不是不择手段地赚钱，有的企业搞的产品确实是欺骗人的，结果每年捐点钱给别人，就变成了大善人。"

一旦通过学习积累了足够的知识，同时又积累了足够的生活经验，人们往往会有更多的沟通素材，而且由于知识和经验的积累，人们在谈话时的自信心更强，且更有深度，谈话会变得更加游刃有余。

不过关键的一点，还在于懂得积累经验，并实现转化，这是一种知识转化的能力。有的人经历了某些事，却不懂得将这些经历转化成个人的知识，这样他们在下一次就可能会在同样一件事面前感到陌生。而善于将经验转化成知识的人能够有效积累和沉淀人生的阅历，能够正确地利用好自己的知识储备。从某种意义上来说，知识转化能力决定了人们的内涵与知识储备含量，它是决定人们能说什么、能说出多少有价值的话的一个重要保障。

需要注意的是，知识的充实并不是一朝一夕就能实现的，它是一个逐步积累的过程，需要日积月累，因此对于那些想要提升口才的人来说，需要强大的毅力来完成知识的积累，需要每一天都坚持。只有这样，才能够真正提升口才。

附　录

马云演讲稿：阿里巴巴的发展战略

很高兴再来到宁波，今天不是礼拜天，大家来这儿我非常高兴，而且想代表阿里巴巴全球120万的会员和500名员工向大家致以夏日的问候。这一趟是阿里巴巴在全国各地的以商会友的第六场，我们第一场是在绍兴，然后去了无锡、顺德、深圳、厦门，这个礼拜是在宁波，我们在全国开会员见面大会，每一次都会让我们感到非常激动。我记得在无锡这一场，我们请了250名会员，那一天是下午2点钟开始，1点半下了很大的雨，我们想下午可能不会有那么多人，结果来了550多名会员。

搞一次电子商务"干帮"大会

商人需要不断地交流，电子商务要不断地沟通和交流才能发挥作用。我们正在筹划，以往我们在杭州搞"西湖论剑"。也许我们在未来的一年，或者今年或者明年搞一次电子商务"干帮"大会，"干"是实干的干，"帮"是互相帮助的帮。大家都是商人谈电子商务，而不是让IT界人谈电子商务，也不是投资者，也不是互联网人士，而是实实在在的商人来谈电子商务。在我看来，电子商务，商人觉得有用的，就是有用。如果商人觉得没有用，再好也没有用。

我看了今天的名片，都是一些企业家，厂长、经理，都是年轻人。我今天演讲分三块：第一块跟大家交流一下阿里巴巴的昨天和今天，给阿里巴巴做一个分析。我们公司很小，只有三年。这三年来我们经历了各种痛苦、折磨，我想做成一个案例跟大家分析。第二块是我在全世界跑了很多的国家，跟世界一流的企业家进行探讨，我想把这些探讨的经验跟大家分享一下。第三块是我想和大家分享一下，什么是电子商务，今天的电子商务能给我们带来什么。

宁波的企业家一直以非常聪明、大度、具有良好的战略眼光而闻名。我前几天参加浙江省对外贸易招商洽谈会，在招商会上有人说宁波企业家特精明，香港十大企业家里面，有三个人祖籍在宁波。今天，我在这儿跟大家交流自己做企业的经验，一定会有收获。

宁波是全国电子商务水平最高的地区

衡量一个城市的电子商务水平的好和坏，不能以城市里有多少电子商务公司来衡量，不能以有多少 IT 企业来衡量。前几天我们在会上探讨，有人说，宁波的电子商务发展不是很好，说 IT 企业有七八家，已经关掉了四五家，现在有名的、成功的不多，IT 水平很差。我不这样认为。我前天早上在这里公布一个信息：宁波是现在全国各地电子商务水平最高的地区。因为一个城市电子商务水平的好坏，不应以拥有多少电子商务公司衡量，而标准应该是这个城市企业运用电子商务的指数有多高。我们认为宁波企业运用电子商务的指数最高。阿里巴巴到宁波一年多了，一年后宁波地区的续签率高达 95%。只有两家企业今年不能再做下去。宁波的情况在全国、全世界都罕见。所以我觉得宁波的电子商务水平是很高的。

我今天主要讲阿里巴巴的昨天和阿里巴巴的今天。我们曾两次被哈佛选为全球的 MBA 教学案例，他们会派一个人到我们公司，至少要待五天，这五天跟我们所有的经理、部分员工、刚刚要加盟的新员工和客户都做仔细的调查。然后花两个月写这个案例，我每次拿他们案例第一稿的时候，都觉得这不是阿里巴巴。很多人对阿里巴巴的看法很怪，有各种各样媒体的评论，对于媒体的报道我不全看，但是很多会员对阿里巴巴的评论我一定看。

阿里巴巴到底是什么？它怎么过来的？

我觉得技术，就应该是傻瓜式服务。技术应该为人服务，人不能为技术服务。阿里巴巴能够发展这么好，主要是他们 CEO 不懂技术。大批懂技术的人跟不懂技术的人工作，蛮开心，我也觉得很骄傲，因为有85％的商人跟我一样，不懂技术。我要求阿里巴巴技术非常简单，使用时不需要看说明书，一点就能找到想要的东西，这个就是好东西。

大家知道我们在创办阿里巴巴网站是在北京的外经贸部工作，1999年我们决定回杭州创业，在离开北京的前一个礼拜，我带着六七个人上长城一趟。去长城那一天特别悲壮，感觉像是壮士一去不复返。我们一定要做成功一个事业，让作为中国人而感到骄傲的公司。我们在长城上找到了灵感，在长城上看了每一个砖头上都有"张三到此一游、李四到此留念"。我觉得很有意思。如果说我要建公司的话，我第一步就是从 BBS 开始。

回到杭州，我收到一个邀请，新加坡政府请我去新加坡做一个亚洲电子商务大会的发言。我很奇怪，我也没什么名，中国大陆就请了我一个人，是不是请错了？他说往返的机票都给报销。

中国是中国，美国是美国

新加坡电子商务大会档次很高，200 多人，电子商务大会发言的人80％是美国人，85％的听众是欧美的，所有的题目都是雅虎等等，100％是美国的例子。但名字是亚洲电子商务大会。我临时换了一个主题，中国有自己的特点，亚洲是亚洲，中国是中国，美国是美国，美国的模式在中国未必就行。那次研讨会在亚洲影响很大。

后来在《经济学家》杂志登了一篇文章，讲我和亚马逊的老板，美国有个人叫贝索斯，中国有个人叫马云。我们同时从 1995 年开始，他在西雅图开始，但是在美国，亚马逊发展得那么好，在中国，我们变成这么小，这是一个很大的区别。亚洲以什么为主？亚洲以中小型企业为主。全世界 85％以上的企业都是中小型企业。比尔·盖茨只有一个，只有帮助中小企业才是最大的希望。

中小型企业的电子商务更有希望

亚洲是最大的出口基地，如果我们以出口为目标，帮助中国企业出口。帮助全国中小型企业出口是我们的方向。我们必须围绕企业对企业的电子商务。无论是在中国黄页还是在外经贸部做客户宣传的时候，会见一个国有企业的领导要谈 13 次才能说服他，在浙江一带去三趟就可以了。这让我相信：中小型企业的电子商务更有希望、更好做。我从新加坡回来时就决定：电子商务要为中国中小型企业服务。这是阿里巴巴最早的想法。

把自己口袋里的钱放在桌子上

1999 年 2 月 21 日，在杭州我们开了一个非常重要的会议。这个会议到今天还影响阿里巴巴。当时 18 个创业人参加这个会。我们提出"东方的智慧，西方的运作，全世界的大市场"的目标，我们要创建中国人感到骄傲的公司，能够持续 80 年发展的公司，只要是商人，一定要用阿里巴巴。别人不会理解，我们暂时不对别人讲，我们也不见任何媒体。总而言之一点，认真踏实地创建一个公司。我们把自己口袋里的钱放在桌子上，凑了 50 万块钱。到了第 6 个月我们就熬不过去了，风险投资找我们时，口袋已经没钱了。

我们没日没夜地干，就这样熬过来了。到 9 月份我们接到了第一笔 500 万美金的投资。美国的高盛牵头。当时互联网很热，很多人都想要钱。我们对投资人说："我们不要钱。"他们都很认真地听我说。

第一个找我的是浙江的企业，他说："我们可不可以合作一下？我给你 100 万，明年你给我们 110 万。"我说："你比银行还黑。"9 月 28 日拿到钱，9 月 30 日我碰到日本软银的 CEO 孙正义，大家谈得很好，当时我们就拍板，融了 2000 万美金。我只跟他解释了 6 分钟，他就听懂了什么是阿里巴巴。

我们第一次见媒体是 1999 年的 8 月份，美国《商业周刊》杂志不知通过什么途径，找到了阿里巴巴。他们要去采访，我们是拒绝采访。后来他们通过外交部，再通过浙江省外办，一定要让我们接受采访。我们当时没有电话，也没有传真，只有一个在美国的 E-mail 地址，我们不想告诉别人我们是中国公司，那样在全球化拓展过程中，大家会认定你是三流企业。

把他们带到居民区，他们很怀疑。门一打开，二三十个人，在四居室的房间里面，干什么的都有。他们感觉阿里巴巴这时候有2万会员了，名气很大的，应该是很大的公司。最后我们拒绝发表这个文章。

1999年之前，阿里巴巴就是这样。到1999年香港阿里巴巴成立的时候，有一个中东土耳其的记者说："马先生，阿里巴巴应该属于土耳其的，怎么跑到中国来了？"这句话，至少有20个国家说过："阿里巴巴属于我们的，怎么属于中国呢？"我们当时把总部定在香港。因为我想这是中国人创办的公司，我们希望办一个中国人创办的公司，让全世界骄傲的公司。香港是特别国际化的，我们在美国设了研究基地，在伦敦设的分公司，然后在杭州建立我们中国的基地。

1999年、2000年，阿里巴巴战略很明确，迅速进入全球化，成为全球电子商务市场。我们要打开国际电子商务市场，培育中国国内电子商务市场。我们的口号是避免国内甲A联赛，直接进入世界杯。这几年很多人认为，阿里巴巴在国外的名气比在国内大，这跟我们1999年、2000年、2001年的全面战略有关，我们迅速打入海外。现在很多企业说："我们很快进入全球化了。"但是全球化绝对不意味着请外国打工仔或者你在海外建一个厂就是全球化。我们在全球化的战略上做过很多事。

我第一次在德国做演讲时，阿里巴巴的会员有4万多，在德国，1000人的会场里面只有3个听众。第二次再去德国，里面坐得满满的。还有从英国飞过来的会员，一起进行交流。

我们怕国外企业，他们同样怕我们

中国进入WTO，国内所有的企业几乎都在问这个问题，我们该怎么办？国外企业管理比我们好，钱比我们多，怎么能打赢？去年我跑了20多个国家，参加了50场研讨会，所有的研讨会都谈到这个问题。我们怕国外企业，他们同样怕我们。去年我参加的研讨会，题目竟然是《中国是威胁》。

我第一次到伦敦，我的公关经理告诉我们"下午6:15，BBC电视台要采访，它是录播，不是直播的。请你准备一下这五个题目。"我从来不准备。我说，没关系，我不看。下午3点，BBC又发来一个传真，请马先生一定要仔细地看。6点进了BBC，还是拿出那五个题目，一定要我仔细准备，那我就准备一下。等到了上演播台，主持人说现在是BBC总部全球直播。有3亿人看哪！把镜头切过来问我问题，跟我准备的那五个问题一点儿关系没有。他问："你是中国人，你在英国创办公司，你会成功吗？你想当百万富翁吗？你认为你可以当百万富翁吗？你当得了百万富翁吗？"一下就把我问蒙了。我当时很紧张，但脸上还是微笑地跟他讲。结束之后我说，我们会证明我们会活下去，而且活得还很不错。后来BBC又对我采访了几次，其中有一次他们是派了报道组到国内，一个是采访当时的上海市市长徐匡迪，另一个是采访我，是BBC最热门的节目，叫《热点谈话》，节目播出有25分钟。

在互联网最艰难的时候，阿里巴巴回到中国，把总部从上海撤回了杭州，实实在在地做事，放弃国内其他的市场，非常非常艰难。至今为止，阿里巴巴第一次裁员，我跟会员很郑重地说，在2000年，把一些美国的工程师灭了，如果我们晚半年，可能公司也没了。不是我们聪明，而是没有办法。我们在中国实施"回到中国"策略的时候，我们对外没有说。我们一直说我们阿里巴巴一直开拓海外市场，结果有一些竞争对手跟我们去打海外市场，去了就关门了，没能回来。

是什么让阿里巴巴活下来？是什么让阿里巴巴走到现在？我们把回来做的第一件大事比作毛泽东经过长征，来到了延安。一是要做延安整风运动，第二是建立抗日军政大学，第三是南泥湾开荒。

整风是因为变化

我们整风是因为互联网发生了巨大的变化。每一个人对互联网的看法不一样，对阿里巴巴的看法不一样。如果说有 50 个傻瓜为你工作的时候，是一件很开心的事情。困难的是每个人都认为自己聪明，当时阿里巴巴在美国有很多的知名企业管理者到我们公司做副总裁，各抒己见，50 个人方向不一致肯定会不行的。所以当年觉得，这是最大的痛。那时候简直像动物园一样，有些人特别能说，有些人不爱讲话。所以我们公司这样，我们觉得整风运动最重要的是确定阿里巴巴的共同目标，确定我们的价值观。

我问在座的企业，你们企业所有的员工是不是有共同的目标？我在今年春节的时候，90％的杭州企业没有一个告诉我们企业有一个共同的目标。公司所有的员工是不是跟你一样？阿里巴巴的目标在 1999 年我们提出："要做 80 年的企业，要成为世界十大网站之一，只要是商人，一定要用阿里巴巴。"这是我们的目标。全公司所有的员工，如果你不认同这个目标请你离开，如果你认为不可能实现，你也离开。

克林顿说："是使命感。"

两个月之前，我到纽约参加世界经济论坛，我听世界 500 强 CEO 谈得最多的是使命和价值观。中国企业很少谈使命和价值观，如果你谈，他们认为你太虚了，不再跟你谈。今天我们企业缺乏这些，所以我们企业会老，不会大。那天早上，克林顿夫妇早上请我们吃早餐，克林顿讲到一点，说美国在很多方面是领导者，有时领导者不知道该往哪儿走，没有什么引导他们，他们没有榜样可以效仿。这个时候，是什么让你做出决定？克林顿说："是使命感。"

阿里巴巴认为天下没有难做的生意是我们的使命感。现在名气最大的企业是 GE，是通用电气。他们 100 年前最早是做电灯泡，他们的使命是让全天下亮起来，这使 GE 成为全球最大的电器公司。另外一家公司是迪士尼乐园，他们的使命是让全天下的人开心起来。这样的使命使得迪士尼拍的电影，都是喜剧片。

阿里巴巴做这个决定的时候，使命是让天下没有难做的生意。所有制造出来的软件都是要帮助我们客户把生意做得简单。

阿里巴巴最值钱的东西

还有就是价值观，公司要有一个统一的价值观。我们的员工来自 11 个国家和地区，有着不同的文化。是价值观让我们可以团结在一起，奋斗到明天。我们请来的 CEO 总裁，他 53 岁了，老传统企业的经理人，非常出色，他在 GE 工作了 16 年，我们总结了九条精神，是它让我们一起奋斗了 4 年。我们告诉所有的员工，要坚持这九条，第一条就是团队精神；第二条，教学相长；然后是质量、简易、激情、开放、创新、专注、服务与尊重，这九个价值观是阿里巴巴最值钱的东西。

我们在 2000 年制定了共同的使命、共同的目标、共同的价值观。新员工只有经过学习才能加入阿里巴巴。今天想跟大家讲，使命、价值观、目标是任何一个企业、任何一个组织机构一定要有的东西。如果没有这三样东西，你走不长，走不远，长不大。

90％的中国企业家不认同我这个观点

我做过这样的调查，90％的企业家不认同我这个观点。我见过所有世界500强的企业，都讲这个。讲来讲去就是这两点：价值和使命。宋朝的梁山好汉108将，如果他们没有价值观，在梁山上打起来还真麻烦。他们有一个共同的价值观，就是江湖义气，无论发生什么事都是兄弟。这样的价值观让他们团结在一起。108将的使命就是替天行道。但是他们没有一个共同的目标，导致后来宋江认为我应该投降，李逵认为我们打打杀杀挺好的。还有些人认为，衙门不抓我们就很好了，到后来崩溃掉。所以一定要重视目标、使命和价值观。这是阿里巴巴2001年做的整风运动。

第二是干部队伍的培养。干部队伍的培养，我想跟所有的企业分享一下，如何培养干部？阿里巴巴怎么做？怎么渡过这个难关？

靠游击队不行

如果阿里巴巴想成为全世界十大网站之一，靠游击队不行。毛泽东靠游击队是不可能打下全国的。最后是三大战役决定的胜利，要有一大批将领才能带动起来。所有企业都会担心，我真怕他走掉，如果这个人走掉了，业务就没有了。你天天都让这个人很开心，结果成了恶性循环，公司垮掉。有时候经理比总经理还大，因为他掌握了很多业务。当干部之前，你一定要给他学习，如果你不给他学习，中国很多的干部，第一种是义气干部，上面的领导压下来，都是他顶着；下面的企业，我帮你们扛着。还有一种是劳模干部，这人平时干10个小时，然后你把他当了经理，然后他觉得领导喜欢我当经理，本来干10个小时，后来干12个小时。再一种是专家当经理，因为这个人刀法非常好，然后你让他当经理，肯定不行。本来四个人工作很快乐，突然他当官了，他很得意。他应该意识到另外三个人中一定有人的心态出问题了。你会发现很多经理，有些人一上台之后，把老员工全换成一批新员工。

NBA 篮球打得好，是因为板凳上还坐着12个人

我训练干部管理团队，在问题发生之前就要处理掉。你做的任何决定是公司 3～6 个月之后发生的事情。如果没有人能取代你，你永远不会升职。只有下面人超过你，你才是一个领导。领导不要做具体的工作，要下面人去做。你用六个月还找不到替代你的人，说明你招人有问题。六个月你找不到人说明你不会用人。领导是把人身上最好的东西发现出来。你要找这个人的优点，找到的优点，这个人自己都不知道，这是你厉害之处。如果有一只老虎在后面追你，你的奔跑速度自己都不可想象，为什么我跑这么快？有老虎追你。每个人都有潜力，关键是领导找出这个潜力。我们是怎么想到这一招的？我看美国 NBA 打篮球，为什么越打越好，是因为板凳上坐了12个人，下面的人很想上去，都认为自己打也不差。场上的人压力很大。这样你会有一套制度，要用制度保证你的公司，不要用人。所以我们在培养干部队伍方面，我们成立了学习制度。

1999 年阿里巴巴希望有 8 万会员，当时我们提出这个口号的时候，还只有 3000 会员。但是那一年我们做到 8.9 万会员。2000 年阿里巴巴提出要做 25 万会员，我们做到了 50 万会员。2001 年我们希望 100 万会员，但 2001 年互联网不景气，好像是不可能实现的。但在 2001 年 12 月 27 日，真的实现了。我们当月实现了收支平衡，现在阿里巴巴的营业额都在增长，越做越好。

很多人认为，现在互联网讨论最多的是投资者和管理者有矛盾。我们不这么认为。只有管理者去欺骗投资者，投资者不太可能欺骗管理者。投资者给你钱的时候，你记住有一天你一定要还他。这是做人的品质。我们有一点我们感到骄傲，刚刚创业的时候，我们几乎不打出租车。有一次我们必须打车，一辆桑塔纳过来，所有人头都转过去了，一看夏利

过来，马上把手招过去。因为桑塔纳比夏利贵一块多钱。我们今天所花的钱都是投资者的钱，如果有一天花自己的钱的时候，可以大胆地花，所以这两年，我们以小气感到骄傲。

零预算与口碑相传

自 2000 年我们在国内外的广告预算为零。尽管零预算，但是我们的会员已达到 120 万，越做越大。就是口碑相传。前两天有一个研讨会，有人说宁波市场不好，我说宁波市场非常好，在宁波赚了很多钱。所以整个收支平衡，从 2001 年 12 月，我们公司进入非常良好的状态。今年一季度，现在非常奇怪，你越有钱，人家越投资你。我们现在看互联网投资很难拿到风险投资。但我们很容易就能得到投资。我们现在是钱很多，但是我们用得很少。我们还要不断地在海外发动很大的市场战略。

现在，我们的干部也成熟起来。员工扩大到了 500 名员工。现在互联网是在裁员发展，我们是扩大发展。我们的目标是全年的发展中赚一块钱，也就是说，如果我们整年投资 800 万美金，我们要赚八百万零一块。事实上，到现在为止，我们的确运转非常良好，员工从前年 100 多名，到去年 200 多名，到今年 500 多名，我们还要不断地招。

把钱投在员工身上

有人说，为什么阿里巴巴还要招员工？我们认为员工是公司最好的财富。有共同价值观和企业文化的员工是最大的财富。今天银行利息是两个百分点，如果把这个钱投在员工身上，让他们得到培训，那么员工创造的财富远远不止两个百分点。我们去年在广告上没有花钱，但在培训上花了几百万。我们觉得这是最大的回报。阿里巴巴现在到了 120 万会员，而且连续两次被哈佛评为全球最佳案例，连续两次被《福布斯》评为最佳 B2B 网站。在网络电子商务领域，我们会员数跃居全世界第一位。

世界互联网的五个典型

我到哥伦比亚大学，教授讲：当前世界互联网的五个典型企业，跨媒体多平台以 AOL 为典型，B2C 以亚马逊为典型，C2C 以 eBay 为典型，门户以雅虎为典型，B2B 今天以阿里巴巴为典型。亚洲人走出一个为亚洲企业服务的电子商务典型，并为世界 IT 界所认同。

天外有天，人外有人

我们最近跑了一些地方，特别是我在中央电视台《对话》里面看到中国的知名企业家讲了这句话，让我觉得很不以为然。他说："我这个企业很难管理，哪怕通用前任 CEO 杰克·韦尔奇在我这里管理，最多只能待三天。"第一，杰克·韦尔奇不会待三天。第二，他来了一定会改变你的企业。可怕的不是距离，而是不知道有距离。我在网站上也讲过这句话，我先讲一个例子，我有一个朋友，在浙江省散打队当教练，他给我讲了一个故事：武当山下面有一个小伙子非常厉害，他把所有的人都打败了。他认为天下无敌，他就跑到北京，找到北京散打集训队教练，说'我要跟你的队员打一场'。教练说'你不要打'。对方越不让他打，他越要打。最后说'让他打一下吧'，5 分钟不到就被打下来了，教练跟他说：'小伙子，你每天练两个小时，把每天练半个小时的人打败了。我这些队员每天练 10 个小时，你怎么能跟他们打？而且我们队员还没有真打。'天外有天，人外有人。

企业之间有很大的区别。因为去年我们已经步入了收支平衡，会员达到了 100 万。到了这个地位，不知道往哪儿走了。我跟 TCL 李冬生和日本索尼的老总在香港开了一个会议。交流过程中，他们二位让我大为折服，做 CEO 做到这种地步很厉害。他们把管理看成道，他们有非常清晰的管理理念。后来参加世界经济论坛纽约的论坛，我跟波音的老总、比尔·盖茨、微软的总裁交流，他们也让我大为折服，我与他们那是没办法比的。有些东西是你没有尝试过的，你觉得自己没有能力去尝试。一比你才发现自己与别人的距离很大。

波音老总讲公司发展战略时说，我们每一个企业都会问自己一个问题，我这个决定到底错还是对？在座的也是这样。这个时候往往缺少一个东西，就是公司的发展战略。如果没有明确的发展战略，是不行的。他说，他当波音 CEO 的时候，波音公司的重心都放在民用航空上面，没有放在军事航空上面。如果发生军事危机，波音一定会发生很大的危机。所以"9·11"事件之后，波音没有很大的灾难，相对有一些产业起来的，就是工业企业起来。我没有感谢"9·11"事件的意思，但这就是战略的提升。我想跟大家讲，这个距离是很远的，我们中国企业家距离很远。我上个月在北京参加北京世界经济论坛北京分会。可能有人在网上看见我和北大教授吵了一场架。他把中国的 MBA 说得天花乱坠，我说中国 MBA 根本就没有用。

不要先学做事，先学做人

那天我是有感而发，我那时刚从纽约回来一个礼拜，我就赶到北京，参加北京世界经济论坛，北京中国企业家论坛会，我从来没那么丢脸，那次丢脸真是一塌糊涂。我们那次会议，台上四五个人在讲，下面有一半的人在听。另外一半不是打电话，就是抽烟的、聊天的，上面谈上面的，下面谈下面的。我觉得特别尴尬，为什么中国企业会出现这样的问题。有一个国家的部长请了 12 个中国企业家进行交流座谈，这个部长讲话只有 15 分钟，这 15 分钟内你知道发生什么事？我们大半的企业家在打电话。部长的脸是特别尴尬。我看了都不知道该怎么说。这不是文化的差异，是礼貌、尊重。如果中国企业是这样的话，谁还跟中国企业交流？谁还愿意跟中国企业做生意？我说 MBA 不要先学做事，先学做人。这样才能改变我们。

所以那天有感而发。后来去了哈佛大学、斯坦福、麻省理工，还有印度大学，他们都骂我。我觉得 MBA 不是没有用，我觉得就是有很多的东西你们应该学过。我收过很多的 E-mail，是 MBA 学生来的信，说我骂他们是因为我爱他们。做任何企业，其实要做三件事。企业家做人也是做三件事情。这是我跟金庸探讨《笑傲江湖》的时候，我们探讨出来的一些观点。何为笑？何为傲？什么人能笑？什么人能傲？你做企业家你想笑，你想笑得透彻？有眼光、有胸怀的人才能笑得爽朗透彻。你想傲？你一定要有实力，人家一个巴掌过去，滚出五米之外，你再傲也没有用。所以要想笑傲江湖，要做到眼光的犀利、胸怀的开阔。我认为眼光是读万卷书不如行万里路，多看，多跟高手交流。你会觉得距离蛮远的，这样你眼光就会打开。很多企业家是这样，我是某某城市排行第一的，你到外面看一下，差得很远。

距离不可怕，可怕的是你不知道距离

我非常敬佩邓小平，改革开放是非常有眼光的。他去欧洲、去美国一看是这样的，中国和他们差距这么远，他才知道差距。我们在座的每一个企业家都要了解，距离不可怕，可怕的是你不知道距离。跟克林顿吃早饭那一天，中国那些部长名字都能说出来，中东的一些部长名字都能说出来，你会感觉他是实实在在的人，他是平凡的人，所以他伟大。要不断地去走，不断地去跑，不断地去看。

胸怀是靠冤枉撑大的

胸怀非常重要的，一个人有眼光没胸怀是很倒霉的。《三国演义》中的周瑜就是眼光很厉害，胸怀很小，所以被诸葛亮气死了。宰相肚里能撑船，说明宰相怨气太多了。像周总理，每天肯定抱怨的人很多，他不可能每天跟人解释，只能干，用胸怀跟人解释。每个人的胸怀是靠冤枉撑大的。

实力是失败堆积起来的

再就是实力，我觉得实力是失败堆积起来的。一点点的失败可以提高一个人的实力、企业的实力。如果我年纪大，我希望我跟我孙子吹牛的话是："我是你爷爷，做成这么大的事情，一点儿都不牛。"孙子说："刚好是互联网大潮来了，有人给你投资。"当我讲当年的事，说我犯了很严重的错误，他会很崇拜地看着我，真的，这个我倒不一定吃得消。一个人最后的成功是有太多惨痛的经历。

成功必定是团队带来的

我一直倡导在中国企业要讲究团队精神，阿里巴巴，今天你马云做得非常不错。我是我们公司的说客，我是光说不练的人。我们的团队我觉得非常骄傲，公司4个"O"的团队，我把我们公司做的事情跟大家分享。

我们COO关明生是我们的总裁，在GE、BTR等全球500强公司做了25年的经理人，英国籍香港人。我们的CFO蔡崇信，欧洲

Investor AB 公司做投资的，他是法学博士，加拿大籍台湾人。我们的 CTO 吴炯，雅虎搜索引擎发明人，美国籍上海人。我是中国国籍，杭州户口。我们四个人各守一方，现在合作非常好。合作都是团队做出来的。如果别人把你当英雄的时候，你千万不能把自己当英雄，如果自己把自己当英雄，必然要走下坡路。

中国最好的团队是唐僧西天取经的团队

中国人认为最好的团队是刘、关、张、诸、赵团队。关公武功那么高，又那么忠诚。刘备和张飞也有各自的任务，碰到诸葛亮，还有赵子龙，这样的团队是千年等一回，很难找。我认为中国最好的团队就是唐僧西天取经的团队。像唐僧这样的领导，什么都不要跟他说，我就是要取经。这样的领导没有什么魅力，也没有什么能力。悟空武功高强，品德也不错，但唯一遗憾的是脾气暴躁，单位有这样的人。猪八戒是狡猾，没有他，生活少了很多的情趣。沙和尚更多了，你不要跟我讲人、价值观，"这是我的工作"。半小时干完了活就睡觉去了。这样的人，单位里面有很多很多。就是这样四个人，千辛万苦，取得了真经。这种团队是最好的团队。这样的企业才会成功。

今天的阿里巴巴，我们不希望用精英团队。如果只是精英们在一起，肯定做不好事情。我们都是平凡的人，平凡的人在一起做一些不平凡的事。这就是团队精神。我们每个人都欣赏团队，这样才行。

电子商务就是一个工具

接下来我讲什么是电子商务，这两年电子商务被说得越来越神奇。说实在的，我不太愿意参加 IT 的论坛。人家一说马云是 IT 的业内人士我就慌了，阿里巴巴不是一家 IT 企业，阿里巴巴是一家服务公司，我们以网络为手段帮助我们的客户，把客户变成电子商务公司，如果明天发现有一样东西比互联网更好，我们就会用那种方法。我们不要成为高科技公司，那是为了拿优惠政策，跟客户讲的时候你越低越好。你跟客户说你是高科技，客户会崇拜地看着你，不会买你的产品。高科技太远了。我们讲高科技是说给别人听的，你自己都相信了，那就麻烦了。所以我们说我们不是高科技，不是 IT 企业，我们是商务服务公司。互联网不是什么高深的东西，互联网是一个工具，电子商务就是一个工具。

这两年做工具的人，把自己的榔头说得天花乱坠，把真正买榔头的人弄糊涂了，所以很多的工厂停下来都去生产榔头了。说我们公司给你一个电子商务的解决方案，电子商务不是解决方案。电子商务只是一个工具，你拿回去之后，拿这个工具，自己解决自己的问题，这才是真正的电子商务。电子商务这个工具，跟传真、电话没什么区别，它只不过是把传真、电话、网络、电脑、电视、报纸、媒体结合在一起的工具。用起来还是不错的。所以我想跟大家讲，我们把电子商务不要看得太神秘。宁波有多少企业在做？很多企业在做，用电子商务做物流、配送等等，说得天花乱坠。今天电子商务有三个流：信息流、资金流、物流。今天电子商务只能做信息流。今天企业在用电子商务只能做信息流，如果有人告诉你："我能帮你做信息流，而且能做资金流，还有物流。"我觉得他是说谎，现在没有一家公司能够把信息流、资金流、物流结合在一起。不是技术做不到，而是很多东西没有具备，没有准备好。比如资金流，谁做得最好？银行做得最好。

阿里巴巴不做资金流，2001 年 12 月份我到达沃斯参加一次会议，在会议上我看到一个客户，有一个企业家跟我说，他是欧洲人，他说："阿里巴巴做得真不错，我就用阿里巴巴。我的卖家就是在阿里巴巴找的，但是你别告诉我你要做网上交易，他说不会在网上交易的。我现在可以把我银行的钱汇到任何一个账号，24小时一定能够收到，我为什么要在网上付钱？"我觉得很有道理，我做了一个调查，99%阿里巴巴的会员告诉我，愿意在网上支付的金额在5000美元之下。

电子商务不是救命稻草

美国东海岸的羊和西海岸的羊有很大区别，羊种是一模一样的，东海岸的羊群心脏功能很好，体格发达，西海岸的羊心脏很肥大。原因是什么呢？东海岸有狼，羊经常跑；西海岸没有狼，羊寿命不是很长。同样的羊听见狼的时候，瘦的羊就跑掉了。这怕什么？狼过来的时候我自然会跑，我现在身体状况很好，狼过来的时候自然先吃掉你。大型的企业一定会被那些国外企业消灭掉，小企业掉头快，逃跑很快。宁波的企业，温州企业这两年发展快，因为我们小，船小掉头快，形势不对马上就跑。这个不是赌博，是投资。曾经有一个企业跟我们说："我们不做电子商务不会死，做了电子商务让我们企业死掉了。"他说，"我们就怕这个。"我说这种情况并不多，不能把所有钱压在那儿。所有的商业投资要看有没有效果，有效果投一点，没有效果作为一个投资，不要多投，它不是救命稻草。公司要成长，有很多事情要做，不光是电子商务。电子商务能够帮你带来的就是找到国内、国外的买家，至于买卖能不能做成，还有很多企业内部经营管理的问题，所以我觉得把电子商务作为投资，就像学外语一样，你如果不学，等到要用的时候，你已经来不及了。

嘴上说网络不一定用，但是付钱比谁都快

千万不要相信我们很多的小企业家对电子商务的看法，中国商人特精明，谁都不愿意告诉别人自己成功的经验。我小时候读书不好，是因为很多同学都玩，我也玩，天天玩，他们说玩有好处，然后就玩。结果我发现考不过他们，后来到人家家里才发现，他们在家里是认真学习，我还在家里玩。这个例子告诉大家，我们中国的中小型企业，电子商务做得非常好，但是它们不会告诉你们。我很高兴，刚才我们有一个客户跟我们分享经验，这种企业非常少，我们有的客户在网站卖雨伞，他在网站上卖雨伞，这个雨伞非常好卖。他说："不要让我做采访，不要让我分享经验，这种事情我不会干的，分享经验是不行的，我这样做，大家都卖雨伞怎么办？"这种形态我非常理解，江浙企业非常有意思，嘴上说网络不一定用，但是付钱比谁都快，它怕别人追上来。

有时候要相信自己，用自己的眼光去看待电子商务才是很有意思的。不管是不是用我们的网站、用别人的网站，只要是网站，大胆走出第一步，这一步下去，你肯定会尝到甜头。但是也不要奢望今天上网三天内有效果。

有的企业告诉我："我们早就电子商务了。"我说："你们怎么电子商务法？"他说："我们租了很多网站，花了很多钱。"我说："你们网站的名字呢？""名字我不记得了，小赵，名字是什么？"小赵也不知道，这个也要查查看。这个也叫电子商务？做一个网页的目的，就是电子商务买了一套软件，做了一个网站只是刚刚开始，买了一个工具了，买了一个扳头回来，往家里面一放，就做好了。

对客户也要 271 战略

刚刚提出电子商务是一个过程，是以商务为目的，电子是一个工具、一个手段，去经营你的企业和业务，而不是说买一套网站就可以了。我们现在实行内部 271 战略，20% 是优秀员工，70% 是不错的员工，10% 的员工是必须淘汰掉的。我对客户也要 271 战略，有 10% 的客户每年一定要淘汰掉的。比如说我是医生，你是病人，你来看病。你对电子商务不晓得，我开了一个药房，他药买回去，往家里面一放不吃药，我也没有办法。

我经常在企业跟员工交流一个故事，这是我对企业的了解。杭州有一个很有名的饭店，在杭州、上海、南京、北京开的饭店很多都需要提前甚至是一个礼拜预订座位，六年前我到这个饭店去，这个饭店还没有几张桌子，我点好菜后在那儿等，过了五分钟，经理来了，说："先生，你的菜再重新点吧。"我说，怎么了？他说："你的菜点错了，你点了四个汤一个菜。你回去的时候，一定说饭店不好，菜不好，实际上是你菜点得不好，我们有很多好菜，应该点四个菜一个汤。"我觉得这个饭店很有意思，为客人着想。这个饭店很有意思，不会像人家看见有客人来，就说龙虾怎么样，甲鱼也不错。他会对你讲没必要这么样，两个人这样就行了，不够再点。你感觉他为客户着想，客户成功了，他才会成功。如果客户不成功，就是你不成功。

客户永远是对的，但是大部分时间他们是错的

有的时候我们公司奉行"客户永远是对的"，但是大部分时间他们是错的，他们不知道你们在干什么，你们是企业家明白在干什么。他们永远是对的，但是有时候不对，电子商务这个东西要配合，而阿里巴巴

是一个商务服务公司，帮助大家在网上做成合作。所以我对电子商务的交易就是这么一句话，它是一个工具，不是炸弹，拿这个工具用一下，它帮你就是把你的产品推到全国、全世界，它能帮你在网站收集其他人的情报，它能帮你的是加强内部的管理和调节。

我今天就讲到这儿，大家有什么问题可以提问，共同交流一下。

后　记

　　随着信息交流变得越来越频繁，在现实生活中，口才的作用越来越大。口才集中反映了一个人的道德素质、学识水平、思辨能力。具备好口才的人不仅要掌握口语表达的技巧，还要具备出色的记忆、思维、想象力、观察能力、创新能力和应变能力等综合才能，它是一个人富有智慧的象征。

　　那些善于说话的人往往会在人际交往以及竞争中占据更大的优势，他们也更能够展示出自身的魅力。比如美国"传媒女皇"奥普拉·温弗瑞是一个长相平平、肤色黝黑、身材发福，笑起来也不那么优雅的女人，而且此前还有过吸毒、滥交、堕胎等不光彩的经历，但正是这样一个不出彩的女人却依靠一张能说会道的嘴赢得了令人羡慕的财富和地位，以至于在 2005 年，她一举压倒了麦当娜、安吉丽娜·朱莉等一大串光彩照人的女明星，占据了《福布斯》2005 年度"百位名人"排行榜的头把交椅。

　　还有一位善于说话、口才出色的名人卡耐基，这位风靡全球的成功学导师、心灵导师、人际关系学大师，曾经依靠出色的演说能力使得全世界的人都获益匪浅，他写的《人性的弱点》《人性的优点》《语言的突破》《如何赢取友谊与影响他人》《如何停止忧虑开创人生》《沟通艺术》等书籍影响和改变了千千万万的人，成为人际交往与沟通的重要参考书籍。《纽约时报》曾经对他做出这样的评价："除了自由女神像，卡耐基就是美国的象征。"

马云身上的商业气息更为浓厚，相比以上诸位成功人士来说，马云的本职工作是创业和经商，而不是依靠嘴巴去说服别人（尽管这是经商过程中的一个重要组成部分）。有一次，马云到越南参加活动，在越南国家国际会议中心进行访谈时，一位越南小伙子站起来向马云提问："你继承到的特质之一就是幽默感，请问这样的性格对你有何帮助？你现在能立刻让我们观众发笑吗？"

面对这个问题，马云礼貌地笑了笑，随后表示自己只是每天都努力保持自己能够微笑面对生活，并且表示"我只能用我的右手来暖左手，我需要确保，作为好的企业家应该学会如何变得幽默，学会如何直面挑战"。然后，他非常坦诚地说："我不是一名脱口秀演员，我没办法逗笑其他人，但我总是努力让我自己笑。"

这里显示出了马云的幽默感，但是马云也给自己设定了一个底线：我不是一个单纯依靠嘴巴来工作的人。或者也可以这样认为，口才并非成功者身上特定的标签。讲到这里，可以联想到腾讯公司的掌门人马化腾。2004年12月，中央电视台"年度十大经济人物"揭榜，马化腾当时作为候选人参加了这个颁奖典礼，在活动现场，主持人对马化腾提出了一个难题，让他说服海尔总裁张瑞敏与腾讯公司进行合作。

当时拿到了新锐人物奖的马化腾意气风发，但是那时候的腾讯远不是现在的腾讯，正处在创业初期的马化腾，能拿得出手的产品只有QQ，而且业务主要针对青少年。而张瑞敏的海尔集团是当时闻名全球的公司之一，马化腾也希望借助这个机会展示腾讯的魅力与价值。马化腾当时立刻就用简练的语言开始推销："QQ是即时通信的一个产品，是在互联网的这个环境下，人们用于沟通联络，正如电话、E-mail一样，是一个非常方便的新的通信方式，大家可以用通信工具进行私人之间、朋友之间的交流。"

接下来，马化腾还刻意针对海尔，重点介绍 QQ 能为企业带来各种便利，譬如 QQ 能够加强内部交流，方便企业管理等。两分钟之后，张瑞敏仍然不为所动，他直接告诉马化腾："现在还没有说服我。"马化腾站在台上非常尴尬地笑着。尽管马化腾的口才并不出色，但这并没有影响到腾讯的发展，实际上，腾讯在最近几年发展迅猛，其市值高达千亿美元级别，体量达到了海尔集团的几十倍之多。

可以说马化腾即便不怎么擅长说话，他也达到了多数企业家都无法达到的巨大成就。同样，马云即便不会说话，他也可能会像其他不怎么擅长表达的杰出企业家一样获得成功，但是好口才的确让他更受关注，让他身上的魅力值获得了一个很大的提升，从单纯的魅力值来说，马云或许是中国商界最近几年最具魅力也最有话题性的企业家之一。

2017 年上半年，马云去美国和加拿大参加论坛的时候，连美国总统和加拿大总理都特意和他会面。如果说这两位政治大佬和马云见面还有利益需求的因素，那么马云曾经参加在香港会展中心举办的"马云与青年有约，从梦想到成功创业"交流会所引发的轰动就是个人魅力的完美体现。在得知马云前来参加交流会而且是主讲人之后，许多大牌纷纷慕名前来捧场。按照媒体的描述："在交流会开始前，香港会展中心所在的中环地区交通一度爆堵，活动不得不推迟 20 分钟开始。原本可容纳 6000 人的会展中心三楼挤进了超过 7000 名的听众，许多政商学界名人也夹杂其中。除了邀请马云赴港与青年交流的前特首董建华，还有杨振宁、香港中文大学校长沈祖尧、香港科技大学校长陈繁昌，以及郭晶晶的老公、香港青年联会主席霍启刚等人。"

这么多年来，马云一直都站在阿里巴巴的核心位置，成为最善于表演的那一位，这个其貌不扬的小个子拥有一口流利的英文，拥有敏锐的思维、广阔的视野和对未来精确的判断力，而最突出的一个特征就是口才。依靠着强大的口才，他为阿里巴巴拉来一笔又一笔的投资，说服了一个又一个客户；依靠着出色的表达能力，他的身边聚集了一大批优秀人才，也拉拢了一大批崇拜他的粉丝。他几乎开创了中国一个全新的电子商务时代，自己也成了互联网上最优秀、最出色的网红企业家。

将马云称为"网红企业家"并不过分，如果看一看马云这么多年来所做的演讲，看看他在娱乐圈、在自媒体上的各种自我展示，就会明白马云非常善于包装和推销自己，而这种宣传的主要手段就是依靠口才。由于拥有强大的口才，马云在商业宣传、商业谈判中获得了一定的优势。口才只是让马云变得更具魅力，并没有影响到他的能力，没有影响到他的商业策略，口才不会让他在商业运作上变得更加聪明、强大，但是变得更加便利且游刃有余。

无论如何，马云都已经是独一无二的，他在成功的道路上并没有多少经验可借鉴，他并没有获得多少有价值的指引。努力带来了一部分成功，但是对那些极少数出色的企业家而言，天赋同样不可或缺，马云就是其中一位。在这个世界上有很多人的能力都比马云强，有很多人都比马云更有知识，阅历也更加丰富，但是很少有人像他这样将各项能力融合得如此恰到好处，也很少有企业家像他一样能够将口才释放得如此纯粹，如此与众不同。本书的主旨虽然是学习马云的口才，掌握马云说话、交谈的技巧，但更重要的是提醒学习者要注意像马云一样保持个性，这种个性从某种程度来说就是一种天赋。

个性是决定说话的一个重要因素，有个性的人更能够引发共鸣，而那些说话跟随大流的人往往显得过于平庸和乏味。人们做过调查研究，发现在事业成功的各个因素中，个性的重要性远胜于优秀的智力。个性是一种切切实实能够感受到但模糊且捉摸不透的东西，它包含了一个人肉体以及精神意志的全部组合：身体、精神、心理、遗传、嗜好、倾向、思想、气质、经验、脾气、精力、训练、交际以及全部生活的状况。个性的确会为个人的表达增添不少分数。

　　广告大师乔治·路易斯曾经说过："在我的内心深处，我常常说，如果做广告是一门科学，那么我就是一个女人。科学和技术显然影响并塑造着广告，但是说到底，广告是一门艺术，它来源于直觉，来源于本能，更为重要的是，来源于天赋。"如果说口才是个人的一种营销方式，那么那些能够提出好观点的人，那些具有特色的表达，往往也源于内在的天赋。一个人可以通过后天的努力来提升自己的口才，但是这个世界永远只有少数演说者能够获得成功，只有少数人能够依靠出色的口才能力为自己的人生铺路，一个好的演说家具有天生的敏锐性和创造力，这个世界可能有人会获得马云式的成功，但不太可能出现第二个马云。